Minuit,
quelqu'un frappe à la porte

ISBN 2-227-436816

3, rue Bayard, 75008 Paris

Martin Luther King

Minuit, quelqu'un frappe à la porte

Les grands sermons de Martin Luther King

Présentation de Bruno Chenu
Traduction de Serge Molla

Bayard

Serge Molla, pasteur, a séjourné aux États-Unis où il a fréquenté l'Église noire et sa culture. Il est l'auteur des *Idées noires de Martin Luther King* (Labor et Fides, 1992) et a traduit de l'américain *Malcolm X et Martin Luther King* de James H. Cone (Labor et Fides, 1993).

Présentation

Toutes les enquêtes le prouvent : Martin Luther King est considéré comme un des tout premiers prophètes du XXe siècle. Il s'est attaqué avec succès à la ségrégation américaine qui faisait des Noirs des citoyens de seconde classe, rejetés sur les marges de la société. Et s'il a réussi à mobiliser les foules, de toutes appartenances ethniques, sociales et religieuses, c'est non seulement parce que la cause était juste, mais aussi parce qu'il possédait un extraordinaire talent de prédicateur.

Ne juxtaposons pas deux identités : King militant de l'égalité raciale, intéressant pour le monde entier en proie au démon du racisme, et King prédicateur de l'Évangile, intéressant seulement pour le cercle restreint des disciples de Jésus. L'enracinement de l'action sociale de King est très clairement sa foi. C'est en tant que pasteur baptiste qu'il se voit conduit à prendre la tête du Mouvement pour les droits civiques des Noirs. Et il dirige ce Mouvement par la puissance de sa parole, par son talent oratoire, qui n'est pas une technique de manipulation des masses, mais la capacité de lire la volonté de Dieu au cœur de l'actualité la plus tourmentée. Ses discours sont d'abord des sermons, et ses prises de parole les plus politiques se nourrissent constamment de la tradition religieuse africaine-américaine, qui culmine dans le sermon du dimanche.

Ce livre présente onze des sermons les plus célèbres et les plus significatifs de King ; cinq d'entre eux sont édités ici pour la première fois. Ils manifestent bien l'évolution de sa réflexion et de son action. Et ils sont rapportés à partir de l'enregistrement en situation, ce qui permet d'entendre en quelque sorte la réaction spontanée de l'assemblée. Le sermon d'ouverture constitue d'ailleurs le premier enregistrement de la voix de King, avant même qu'il ne devienne pasteur à Montgomery. Le dernier a été prononcé le dimanche précédant son assassinat. Chacun de ces sermons est présenté par une personnalité proche de King, comme Desmond Tutu, Billy Graham ou Vincent Harding.

Cette parole passionnée d'amour et de justice est une parole de feu. Du feu de Dieu.

Bruno Chenu

Introduction générale de Clayborne Carson [1] et Peter Holloran [2]

Le monde le considérait comme un dirigeant protestataire constamment en marche, alors que Martin Luther King Jr était d'abord et avant tout un prédicateur : « En mon for intérieur, je suis fondamentalement un homme d'Église, un prédicateur baptiste. » King considérait son identité religieuse tout à la fois comme son « être » et comme son « héritage », patrimoine qu'il avait acquis en étant « le fils, le petit-fils et l'arrière-petit-fils d'un prédicateur baptiste » [3].

Les remarquables sermons rassemblés ici portent l'empreinte des liens étroits de la famille King avec les traditions religieuses africaines-américaines. Ses ancêtres étaient de puissants prédi-

---

1. Le Dr Clayborne Carson, historien diplômé de Stanford, est l'éditeur responsable de la publication des *Papers of Martin Luther King, Jr*, qui comprendra quatorze volumes, dont trois ont paru à ce jour. Il est l'auteur de : *In Struggle : SNCC and the Black Awakening of the 1960s*, de *Malcolm X : the FBI File* et de *The Eyes on the Prize Civil Rights Reader.*

2. Peter Holloran est un historien associé au travail du Dr Carson pour la publication des *Papers of Martin Luther King, Jr.*

3. « The Un-Christian Christian : SCLC Looks Closely at Christianity in a Troubled Land », in *Ebony*, 20 août 1965, p. 76.

cateurs, bien décidés à défier le statu quo. Son arrière-grand-père Willis Williams commence à prêcher en Géorgie avant la guerre de Sécession et témoigne de l'émergence de communautés baptistes noires indépendantes après la Guerre civile. En 1894, son grand-père A.D. Williams répond favorablement à l'appel venant d'Atlanta d'une petite communauté en lutte et, sous sa direction, l'Église baptiste d'Ebenezer devient une base de la florissante communauté de l'avenue Auburn. En 1895, le pasteur Williams est l'un des fondateurs de la Convention nationale baptiste, la plus grande organisation africaine-américaine. Après sa mort en 1931, sa veuve, Jennie Celeste Parks Williams, use de son influence pour que son gendre devienne le nouveau pasteur d'Ebenezer. Durant les années difficiles de la Grande Dépression, le révérend Martin Luther King Sr (plus connu ensuite sous le nom de « Papa King ») guide cette communauté, jusqu'à devenir plus célèbre que son beau-père dans les cercles baptistes nationaux.

De sa naissance en 1929 à sa mort en 1968, Ebenezer est souvent au centre du monde de Martin Luther King Jr. Après quelques années d'études supérieures, King devient pasteur d'une autre communauté dans un autre État [1], mais l'Église de ses ancêtres ne tarde pas à l'appeler pour occuper la chaire, qu'il partage avec son père les huit dernières années de sa vie. Comme il l'explique dans un essai autobiographique rédigé à peine entré dans la vie adulte [2], Ebenezer était son second foyer, un lieu où la religion était « intimement liée à la vie ». La maison où il passa ses douze premières années se trouvait sur l'avenue Auburn, à un pâté de maisons de l'église. Le pasteur Williams l'avait acquise au début du siècle ; c'était un environnement bienfaisant, marqué durant toute l'enfance de

1. King fut en effet pasteur de l'Église baptiste de l'avenue Dexter à Montgomery, en Alabama, de 1954 à 1960 (N.d.T.).

2. Cette citation et d'autres autobiographiques sont tirées de « Autobiography of Religious Development [Autobiographie de mon développement religieux] », essai de quinze pages rédigé en 1951 et reproduit in Clayborne Carson, Ralph E. Luker, Penny A. Russell, eds, *The Papers of Martin Luther King, Jr, Volume I : January 1929-June 1951*, Berkeley, University of California Press, 1992, p. 359-363.

King par la « sainte » présence de sa veuve, Jennie Celeste Williams. Sa mort, en 1941, fut un événement traumatisant pour le jeune King, aussi ses parents l'assurèrent-ils qu'elle vivait toujours, ce qui affermit sa foi profonde en l'immortalité. Dans ce même essai, King reconnaît l'influence de ce père « fort » qui « plaça toujours sa famille au premier rang » et de cette mère qui, « en retrait, prenait tendrement soin des siens, ce soin dont l'absence laisse une lacune dans la vie ». Ces influences familiales contribuèrent à forger l'optimisme religieux de King : « C'est facile pour moi d'imaginer un Dieu d'amour, principalement parce que j'ai grandi au sein d'une famille où l'amour était central et où les relations d'affection étaient constamment présentes. »

L'engagement social de King trouva son fondement dans le christianisme de l'Évangile social de ses père et grand-père. Williams avait été l'un des fondateurs de la branche d'Atlanta de la NAACP [1] et King Sr poursuivit, à l'instar de son prédécesseur, cet engagement en faveur des droits civiques. Le jeune King se souvenait du refus de son père d'emprunter les bus de la ville, dans lesquels régnait la ségrégation, et de sa lutte dans le cadre de la NAACP pour demander l'équivalence des salaires pour les enseignants noirs, durant les années 30. L'admiration qu'il portait à ses parents le rendit plus attentif au ministère baptiste, car ses parents se souciaient autant du salut individuel que des besoins pressants de la communauté noire d'Atlanta. C'est ainsi que, dans une prédication de 1940 à d'autres ecclésiastiques, King Sr ne reniait pas son engagement. L'Église, disait-il, doit « toucher tout aspect de la vie de la communauté ». Citant un passage biblique, que le père et le fils utiliseraient en ouverture d'un sermon enflammé, King Sr déclarait : « On dit souvent que l'Église n'a pas sa place en politique, en oubliant la parole du Seigneur : "L'Esprit du Seigneur est

1. NAACP (*National Association for the Advancement of Colored People*, Association nationale pour le développement des gens de couleur), importante organisation créée en 1909, luttant pour les droits des Noirs principalement par des actions en justice et devant les tribunaux (N.d.T.).

sur moi, parce qu'Il m'a conféré l'onction pour annoncer la Bonne Nouvelle aux pauvres ; Il m'a envoyé pour guérir ceux qui ont le cœur brisé, proclamer aux captifs la libération et aux aveugles le retour à la vue, renvoyer les opprimés en liberté". [1] »

Pourtant, malgré une foi solidement ancrée et de fortes convictions relatives à la mission de l'Église, King Jr, alors adolescent, se montre sceptique à l'égard du caractère émotionnel de la pratique religieuse. L'Église peut-elle tout à la fois être « digne de respect tout en satisfaisant l'attente émotionnelle » et « relayer la pensée contemporaine » [2] ? Aussi n'est-ce que progressivement que King répondit à sa vocation religieuse, après être entré à quinze ans au collège Morehouse. « J'en vins à considérer que Dieu avait placé une responsabilité sur mes épaules et, plus j'essayais de m'y soustraire, plus la frustration m'habitait », confia-t-il plus tard. Le « noble exemple » paternel joua un rôle décisif dans sa décision de devenir ministre du culte, de même que les exemples de Benjamin Mays, président de Morehouse, et de George Kelsey, son professeur de religion, tous deux hommes pieux et compétents : « Leurs vies exprimaient l'idéal de ce que je voulais être en tant que ministre [3]. » Mays en particulier développa chez King le sens de la mission chrétienne et son intérêt pour la non-violence gandhienne. En février 1948, alors qu'il termine sa dernière année à Morehouse, il est ordonné à Ebenezer par les ministres du culte qu'il a connus dès son enfance.

À l'automne de la même année, il entre au Séminaire théologique de Crozer, s'enthousiasme pour le christianisme libéral, dont il perçoit rapidement les limites, tout particulièrement quant à sa foi en la bonté de l'homme. Comme il s'en explique dans l'un de ses travaux de séminaire, c'est sa conscience du « vicieux problème racial » du Sud qui mine son optimisme

1. In *Papers I*, p. 34 ; *cf.* Isaïe 61, 1, *cf.* également Luc 4, 18 (N.d.T.).
2. In « Attack on the Conscience », *Time*, 18 février 1957, p. 18.
3. Cité par William Peters, « Our Weapon is Love », *Redbook*, 107, août 1956, p. 42.

libéral en rendant « très difficile... le fait de croire à la bonté essentielle de l'homme [1] ». King aborde ses études avec un grand sérieux, cherchant constamment les moyens d'appliquer sa compréhension théologique à ses besoins pastoraux. Théologien plus éclectique que personnel, il exploite les textes théologiques européens et américains pour trouver quelques pépites susceptibles d'enrichir sa prédication sans la rendre ridicule. Ses études supérieures en théologie systématique à l'université de Boston approfondissent donc son discernement théologique et le placent parmi l'élite des pasteurs ayant acquis un doctorat. Plusieurs postes d'enseignement lui sont proposés, mais King préfère la chaire, et son Sud natal.

« Redécouvrir des valeurs perdues », le plus ancien des onze sermons rassemblés dans ce recueil, fut prononcé en février 1954 dans la seconde église baptiste de Detroit, alors que King étudie encore à l'université de Boston. Ce sermon enregistré montre le talent oratoire qu'il avait déjà acquis à ce jeune âge. « Je ne vais pas placer l'essentiel de ma foi dans les petits dieux qui peuvent se voir détruits à l'âge atomique, déclare-t-il, mais en ce Dieu qui a été notre aide dans le temps passé. » La volonté de King de défier un auditoire composé principalement de gens plus âgés que lui est impressionnante. Diagnostiquant le délabrement moral de la vie moderne, King prescrit comme seuls remèdes une foi constante et une vie morale : « Ce dont nous avons besoin dans le monde d'aujourd'hui, c'est d'un groupe d'hommes et de femmes susceptibles de défendre le droit et de s'opposer au mal, quels qu'ils soient. »

Peu après qu'il a prononcé ce sermon, la communauté baptiste de l'avenue Dexter à Montgomery (Alabama) fait appel à lui. Il investit son nouveau rôle avec une confiance exceptionnelle, due à sa longue familiarité des pasteurs et des communautés. Sa prédication, fortement marquée par les autres grands prédicateurs de son temps, porte l'empreinte profonde non seulement de ses père et grand-père, mais aussi celle de Benjamin

1. King, « How Modern Christians Should Think of Man », in *Papers I*, p. 274.

Mays, son mentor à Morehouse, de George Kelsey, son professeur, du théologien Howard Thurman [1], qui lui vint en aide à Boston, de Vernon Johns [2], son prédécesseur à Dexter, de Harry Emerson Fosdick [3], de l'église Riverside de New York, et de bien d'autres pasteurs garants de la tradition de l'Évangile social durant l'époque de la Guerre froide.

King crée un fichier répertoriant chacun de ses sermons, y ajoutant des articles et des notes exégétiques susceptibles d'être adaptés à sa convenance. Empruntant des idées à d'autres, King transforme ces sources de façon significative. C'est dire que, au moment où il répond favorablement à l'appel de Dexter, il a développé tout un répertoire de citations et d'histoires, et mis au point des passages utilisables en toute occasion. Ses sermons favoris peuvent revêtir des formes diverses, une fois retravaillés et transformés dans son atelier homilétique. À la fin de sa vie, King utilisait encore des éléments de prédication tout prêts, comme l'interdépendance de l'humanité perçue au petit déjeuner, thème développé les premières années de son ministère [4], bien qu'il soit devenu au fil des ans plus désireux d'apporter son témoignage ou celui de sa propre communauté.

Les sermons de King à Dexter, et plus tard à Ebenezer, révèlent son affiliation baptiste, mais aussi ses valeurs universelles œcuméniques plus que son credo dénominationnel, et montrent qu'il consacre moins d'attention à la rédemption et au salut personnels qu'au message social de Jésus. Son interprétation du message chrétien concerne tant le monde présent que futur, au-delà de la mort ; il évoque le jugement de Dieu sur les présentes institutions, tout particulièrement ecclésiales

1. Howard Thurman (1900-1987) fut notamment le doyen de la Marsh Chapel de l'université de Boston, alors que King y faisait des études. Il est l'auteur d'une vingtaine d'ouvrages (N.d.T.).

2. Vernon Johns (1892-1965), pasteur au ton prophétique, occupa la chaire de l'église de l'avenue Dexter à Montgomery, juste avant King (N.d.T.).

3. Harry Emerson Fosdick (1878-1969), célèbre prédicateur baptiste, occupa la chaire de la First Presbyterian Church de la ville de New York (N.d.T.).

4. *Cf.* pour exemples aux p. 142 et 159 de ce recueil. Autre exemple, celui relatif à la mort de Dieu, aux p. 143 et 162 (N.d.T.).

et politiques. Le Nouveau Testament lui offre la perspective d'un pardon définitif de nos péchés et l'Ancien Testament, l'assurance que Dieu agit toujours pour le bien.

L'un des premiers sermons prononcés à Dexter s'intitule « Aimer vos ennemis » bien que la plus ancienne version enregistrée soit légèrement plus tardive, lorsque King décide de le prêcher une troisième fois à Dexter. Peu de prédications expriment si bien ses valeurs maîtresses en matière de religion. En 1954, lorsque la paroisse de Dexter entend ce sermon pour la première fois, King y souligne le fondement chrétien de la résistance au mal. Au moment où il prononce celui qui est publié ici, King est devenu le symbole d'une résistance non violente à la manière de Gandhi, mais le Sermon sur la montagne y est plus central que chez Gandhi. King reprendra fréquemment ce texte biblique, tiré de l'évangile de Matthieu : « Et moi je vous dis : Aimez vos ennemis, bénissez ceux qui vous maudissent, faites du bien à ceux qui vous haïssent et priez pour ceux qui se servent de vous et vous persécutent [1]. » King fonde son argumentation sur le « pouvoir rédempteur de l'amour » en vue du triomphe du Bien : « Et lorsque nous découvrirons [ce pouvoir], nous serons capables de transformer ce vieux monde en un monde nouveau. »

En décembre 1955, le mouvement du boycott des autobus de Montgomery précipite King dans un nouveau rôle pour lequel il peut exercer ses facultés exceptionnelles de meneur. Dès lors il s'exprime sur tous les sujets et devient un solide adepte de la stratégie gandhienne de la non-violence. Néanmoins, il n'abandonne jamais sa conviction que les principes chrétiens doivent fonder la lutte de libération des Afro-Américains. Sa pratique pastorale l'a préparé à ce ministère public. Comme pour ses sermons, c'est dans des églises qu'il prononce nombre de ses discours lors de grands rassemblements, discours qui se réfèrent à des textes bibliques, combinant inspiration

1. *Cf.* Matthieu 5, 43s. et Luc 6, 27s. (N.d.T.).

spirituelle et analyse sociale, mêlant préparation soigneuse et éclairages improvisés.

Le boycott des autobus révèle à la nation le talent oratoire de King, qui prononce quelques-uns des sermons inclus dans ce volume en réponse aux nombreuses invitations reçues durant sa carrière de leader protestataire. Ils montrent sa progression en tant que chef religieux et témoignent de ses efforts pour appliquer les enseignements chrétiens aux grands défis de son temps et du nôtre. (Près de la moitié d'entre eux sont édités ici pour la première fois.)

Transcrire les sermons enregistrés de King est une tâche délicate, tout particulièrement ceux qui comprennent un dialogue avec l'assemblée. Depuis plus de dix ans, le projet de publication des manuscrits de Martin Luther King Jr a développé une série de principes éditoriaux de transcription des sermons, y compris ceux enregistrés. En général, ces principes ont été repris ici, bien que la volonté de clarifier ou de rendre cohérent le texte ait nécessité quelques légères modifications. La méthode développée par le projet des manuscrits de King permet au lecteur d'évaluer la réaction de la communauté aux mots mêmes de King ; les retours de l'assemblée figurent en italique et entre parenthèses.

La « Lettre de Paul aux chrétiens d'Amérique » galvanisa des milliers de délégués – y compris père, mère et proches de King – assistant à la Convention nationale baptiste de 1956 qui se tenait à Denver. Selon un compte rendu de l'événement, son prêche « commença tranquillement sans jamais gagner en accélération ou en volume, mais il accrocha son public jusqu'à tenir en haleine plus de dix mille personnes... Nous nous levâmes du balcon et pleurâmes sans aucune honte. Quand il en arriva à la conclusion, la mer de baptistes noirs se [sou]leva pour protester [1]. » Un ami de la famille, J. Pius Barbour, déclara que King « roula la convention dans sa serviette et la mit dans sa

1. Henry H. Mitchell, « The Awesome Meek », in *Pulpit Digest*, January-February 1991.

poche ». Barbour exprimait la fierté de voir que le jeune étudiant de Crozer avait « grandi de VINGT ANS en cinq ». Il intronisa King le plus grand orateur sur la scène américaine, le saluant comme le « premier docteur en théologie entendu, capable d'enthousiasmer des gens sans instruction [1] ». Sans nul doute, sa communauté de Dexter répondit avec plus de mesure en entendant quelques mois plus tard la version présentée ici. Dans ce sermon, King endosse avec audace le rôle de l'apôtre Paul pour dénoncer les excès du capitalisme, du matérialisme et du sectarisme du XXe siècle aux États-Unis. Ne faisant jamais explicitement référence à la non-violence, il souligne néanmoins sa doctrine fondamentale en recourant aux images et aux symboles chrétiens. Il engage ceux qui luttent contre l'oppression à user de « méthodes et d'armes chrétiennes », et tout particulièrement de l'arme de l'amour.

King prêcha à plusieurs reprises « Minuit, quelqu'un frappe à la porte », avant et après l'avoir retenu pour figurer dans son recueil, *La force d'aimer*, paru en 1963 [2]. Il y développe quelques-uns des thèmes de critique sociale suggérés dans son sermon « Redécouvrir des valeurs perdues », mais en 1960 son commentaire se fait plus précis et polémique. Minuit sonne non seulement pour l'ordre social externe du monde, mais au cœur de la vie personnelle, psychologique et morale. De même critique-t-il l'Église pour son incapacité à changer le statu quo, sans toutefois mésestimer son importance : « Le pain de la vie s'y trouve. »

King prononça souvent un autre sermon qu'il adapta en de nombreuses occasions durant les années 60 : « Le rêve américain ». Fondé davantage sur des textes laïques de la tradition démocratique américaine que sur la Bible, ce n'est pas un sermon comme les autres. Sans cesse, King recourt à des textes non traditionnels pour développer quelques-uns des thèmes

1. J. Pius Barbour, « Sermons and Addresses at the Convention », in *National Baptist Voice*, September 1956.

2. Martin L. King, *Strength to love*, 1963 ; trad. fr. de Jean Bruls, *La force d'aimer*, Paris, Casterman, 1964, p. 74-87 (N.d.T.).

phares de son ministère. Il considère l'expérience démocratique de la nation comme un lieu pour tester les convictions spirituelles de celle-ci. À ses yeux, l'essence de la démocratie tient en la conviction que toute personne est créée à l'image de Dieu : « Nous saurons un jour que Dieu nous a créés pour vivre ensemble en frères et pour respecter la dignité et la valeur de tout être. »

De même que son père avait mis au défi les hommes d'Église d'affirmer leurs responsabilités sociales, King lance des défis analogues avec ses « Directives pour une Église dynamique », sermon qu'il prononce en 1966 à Ebenezer. Pressant tous les chrétiens de ne pas penser seulement à la rédemption finale, King aborde les thèmes centraux d'un christianisme évangélique et social et évoque avec concision le large spectre de ses propres préoccupations en matière d'éthique personnelle, de justice sociale et de paix.

Il prêcha son sermon intitulé « Les trois dimensions d'une vie achevée » lorsqu'il vint pour la première fois se présenter à la communauté de Dexter ; c'est l'un des plus accessibles. Il emprunta sa structure simple à d'autres prédicateurs, mais y ajouta des idées personnelles. Il incite ses auditeurs à être moins centrés sur eux-mêmes et leur bien-être (« la longueur de la vie ») pour se montrer attentifs au bien-être d'autrui (« la largeur de la vie ») et finalement à la confrontation avec Dieu (« la hauteur de la vie »). Plus de quinze ans après l'avoir prêché pour la première fois, King en est devenu si familier que ce sermon est un magnifique moyen de relire sa propre existence. La version retenue ici – inédite – fut prêchée en avril 1967 à Chicago en l'église baptiste de l'Alliance nouvelle, une communauté amie toujours prompte à réagir aux propos du prédicateur. Peu de prédications recèlent un ton aussi dramatique que celle-ci.

Un autre sermon, prononcé à Chicago en août 1967 et intitulé « Pourquoi Jésus qualifia cet homme d'insensé », permit à King d'expliquer le lien entre son ministère et son action en faveur des droits civiques. « Avant d'être un défenseur des droits civiques, j'étais prédicateur de l'Évangile », rappelle-t-il à cette communauté. « C'était ma première vocation et cela reste mon engagement fondamental. » Il répond ainsi aux critiques de ministres fondamentalistes en arguant que les prédicateurs doivent avoir le souci de « l'être humain tout entier – pas seulement de son âme mais de son corps ». Il poursuit en mettant en question le matérialisme de ses auditeurs et leur incapacité de reconnaître leur dépendance à l'égard des autres et de Dieu.

« L'instinct du tambour-major » est peut-être son sermon le plus célèbre. Prêché à Ebenezer deux mois exactement avant sa mort, il est certainement l'un des plus personnels ; King y mêle ses intentions homilétiques à une part d'autocritique, en analysant clairement la facilité avec laquelle il succombe à son propre désir de louange et d'estime. Son prêche se termine d'ailleurs avec son fameux éloge funèbre qui traduit la perception dramatique de sa mission : « J'aimerais que quelqu'un mentionne, ce jour-là, que Martin Luther King Jr a tenté de consacrer sa vie à servir les autres. »

Ses réflexions relatives à son propre dessein partiellement accompli forment le thème du sermon prononcé en mars 1968 à Ebenezer, « Rêves irréalisés ». Conscient de la difficulté d'établir la justice sociale et face à l'intense critique publique que suscitent ses déclarations controversées, King trouve quelque réconfort dans le fait que Gandhi, Woodrow Wilson et l'apôtre Paul se virent, eux aussi, dans l'incapacité d'achever leurs missions. Tout au long de son existence, King réagit aux revers et aux frustrations en cherchant le soutien de Dieu : « J'ai entendu la voix de Jésus, m'incitant à aller de l'avant. Il a promis de ne jamais m'abandonner, de ne jamais m'abandonner. »

Il prêcha à plusieurs reprises le dernier sermon, « Rester éveillé au sein d'une grande révolution », mais jamais avec autant d'efficacité qu'à la fin de sa vie. Prononcée en la cathédrale nationale de Washington peu avant sa mort, cette prédication s'offre comme une note finale aux grands défis du temps : égalité raciale, justice économique et paix. Reprenant des idées maintes fois développées, King rejette le rôle de dirigeant cherchant le consensus, et affirme sans ambiguïté son opposition à la guerre du Viêt-nam. King proclame, alors qu'il s'exprime non loin du siège du gouvernement : « Je crois qu'il est nécessaire que tous les hommes de bonne volonté en viennent à exprimer massivement ce que leur dicte leur conscience, en reprenant les mots d'un vieux negro-spiritual, “Nous n'allons plus apprendre à faire la guerre” (*We ain't gonna study war no more*). »

L'ensemble de ces grands sermons illustre tant l'évolution des convictions religieuses de King que son style homilétique, alors qu'il se trouve confronté aux grands défis de son temps et du nôtre. Trente années plus tard, ses sermons demeurent comme un testament, attestant la profondeur et la qualité prophétique de la lutte qu'il a menée contre l'oppression raciale et économique.

1

Redécouvrir des valeurs perdues

Introduction du pasteur Dr Wyatt T. Walker [1]

Ce sermon de Martin Luther King Jr est du très jeune King, et même du King d'avant Montgomery. Le message est soigneusement élaboré et théologiquement solide, mais il ne reflète pas encore la maturité de l'imposant prophète social du XXe siècle, forgée au cœur du chaudron de la lutte menée par le mouvement de protestation des autobus à Montgomery.

L'importance de Montgomery est de deux ordres. C'était la première fois que la non-violence était utilisée à grande échelle, et cela sur le terrain des relations raciales, aux États-Unis.

Dans ce sermon intitulé « Redécouvrir des valeurs perdues », le Dr King décrit la dynamique éthique et morale de haute tenue qui propulsera son ministère et son mouvement au point d'en faire le chef moral des États-Unis de ce siècle. Le souci principal de King était le suivant : Notre mouvement est-il juste et moral ? Au cours de ma longue association avec le Dr King, j'ai toujours

1. Ancien responsable de l'équipe de King, le pasteur Wyatt T. Walker (né en 1929) servit les trente dernières années en tant que pasteur de la Canaan Baptist Church of Christ à Harlem (New York). Le Dr Walker a obtenu un doctorat en musique et en histoire ethnographique ; il est l'auteur de dix-neuf ouvrages.

été frappé par son attachement à la réconciliation, non à la victoire. Ce sermon était une rampe de lancement pour exposer clairement sa compréhension du dilemme moral de l'Ouest et du monde. Il révèle la finesse de sa démarche intellectuelle par son usage habile de la dialectique hégélienne dans la construction du sermon lui-même. Ce n'est pas encore le style orné qui caractérisera sa façon de prêcher après Montgomery, bien qu'il y en ait quelques prémices. Ce sermon est marqué par une économie de moyens, si on le compare avec l'expression ultérieure de King, dont les idées fortes et concrètes conduiront les auditeurs à se battre, personnellement et collectivement, selon leurs engagements de foi respectifs. Ses métaphores sont claires et simples, passant d'un haut bâtiment à Detroit à une liste de faits soulignant l'immoralité universelle de la haine. La touche d'humour devint plus tard une marque de King (bien qu'il ait été extrêmement sérieux en matière de prédication et n'eût pas succombé à la tentation de se prendre pour un amuseur).

La force de ce sermon tient au fait qu'il est aussi pertinent aujourd'hui qu'il l'était le 28 février 1954. Combien ce monde, proche du XXIe siècle, a désespérément besoin de redécouvrir que *toute réalité dépend de ses fondements moraux* et que *Dieu est présent dans le développement de toute réalité* ! L'évidente force de persuasion du style homilétique de King tient au fait qu'il en appelle autant à l'intellect qu'au cœur. On rapporte que le légendaire Phillips Brooks [1] a défini la prédication comme la proclamation de la vérité au travers de la personnalité. Les talents du prédicateur King correspondent bien à cette définition, tant son art révèle un magnifique mariage de passion et d'intelligence.

Il y a quelques années, John Ansbro et ses collègues [2] développèrent ce qui devint une intéressante, bien qu'imprécise,

1. Phillips Brooks (1835-1893), célèbre prédicateur de la Trinity Episcopal Church de Boston aux États-Unis, auteur de nombreux ouvrages et recueils relatifs à la prédication (N.d.T.).

2. *Cf.* Particulièrement : Kenneth L. Smith & Ira G. Zepp Jr, *Search for the Beloved Community. The Thinking of MLK, Jr*, Valley Forge, Judson Press, 1974 ; John J. Ansbro, *MLK, Jr. The Making of a Mind*, Maryknoll, N.Y., Orbis Books,

biographie philosophique du Dr King. Dans leur quête, ils me demandèrent quels écrits avaient le plus influencé Martin Luther King Jr. Je répondis Matthieu, Marc, Luc et Jean ! Ansbro avoua que, quand il avait posé la même question aux professeurs et aux proches de King, personne ne lui avait répondu ainsi. Le fondement du ministère et de la mission de King se trouvait dans l'éthique et la morale du charpentier crucifié, originaire de Galilée. Ce sermon atteste ce point, de même que tous ses efforts ultérieurs.

En dépit des talents oratoires légendaires que King développa ensuite, il fut en premier et dernier lieu un véritable proclamateur de l'Évangile de Jésus de Nazareth.

1982 ; Keith D. Miller, *Voice of Deliverance. The Language of MLK, Jr, and its Sources*, New York, Free Press, 1992 (N.d.T.).

Redécouvrir des valeurs perdues [1]

Ce matin, je veux réfléchir avec vous au thème suivant : « Redécouvrir des valeurs perdues ». Il y a quelque chose de faux dans notre monde, d'intrinsèquement et de fondamentalement faux. Je ne crois pas qu'il soit nécessaire de regarder bien loin pour s'en apercevoir, la plupart d'entre vous partageront mon point de vue. Et au moment où nous prenons le temps d'analyser les causes de la maladie de notre monde, bien des choses viennent à l'esprit.

Nous commençons par nous demander si cela est dû au fait que nous n'en savons pas assez. Mais c'est impossible, car en termes d'accumulation du savoir nous en savons plus aujourd'hui qu'à n'importe quelle époque de l'histoire humaine. Les faits sont là pour le prouver. Nous en savons davantage en mathématiques, en sciences, en sciences sociales et en philosophie, c'est-à-dire plus qu'en n'importe quelle autre période. Ce n'est donc pas que nous n'en savons pas assez.

---

1. Sermon prêché à la seconde église baptiste de Detroit (Michigan), le 28 février 1954.

Puis, nous nous demandons si cela est dû au retard de notre génie scientifique, au fait que nous n'aurions pas progressé en matière de science. C'est impossible, tant nos progrès scientifiques ont été étonnants ces dernières années. L'homme a été capable de réduire la distance et de soumettre le temps, de sorte qu'il est aujourd'hui possible de prendre son petit déjeuner à New York et son dîner à Londres, en Angleterre. Vers 1753, une lettre mettait trois jours pour aller de New York à Washington, et aujourd'hui vous pouvez rallier la Chine en moins de temps que cela. Il est donc impossible que ce soit parce que l'homme ne progresserait pas en sciences. Au contraire, le génie scientifique de l'homme est étonnant.

Je crois que nous devons mener un examen plus en profondeur si nous voulons trouver la cause véritable des problèmes de l'homme et des maladies contemporaines du monde. Si telle est notre volonté, nous devons sonder les cœurs et les âmes. (*Seigneur, viens-lui en aide*)

Le problème n'est pas tant que nous n'en savons pas assez, mais plutôt que nous ne sommes pas assez bons. Le problème ne tient pas tant au fait que nous sommes à la traîne sur le plan scientifique, mais plutôt que nous le sommes sur le plan moral. (*Exactement*) Le problème majeur auquel doit faire face l'homme contemporain réside dans le fait que les moyens qui nous font vivre (*Dieu, viens-lui en aide*) ont dépassé les raisons spirituelles qui leur donnent un sens. (*C'est vrai*) C'est pourquoi nous sommes pris dans un monde perturbé. (*Exactement*) Le problème concerne l'homme aux prises avec lui-même et son âme. Nous n'avons pas appris comment être justes, honnêtes, gentils, vrais et aimants. C'est la base de notre problème. Le vrai problème, c'est que la science a permis que le monde entier nous soit proche, mais que, sur le plan moral et spirituel, nous avons échoué à le rendre fraternel. (*Seigneur, aie pitié*) Et le grand danger qui nous menace aujourd'hui n'est pas tant la bombe atomique, créée par la physique, ni le fait que cette bombe puisse être larguée d'un avion sur la tête de centaines et de milliers de gens – si dangereux que ce soit. Non, le vrai danger auquel notre civilisation est confrontée réside dans la bombe atomique logée au cœur de l'âme humaine (*Seigneur, aie pitié*), capable d'exploser en haine exécrable et en égoïsme corrupteur – c'est cette bombe que nous devons à présent redouter. (*Seigneur, viens-lui en aide*) Le problème vient des hommes. (*Oui, oui*) De leur cœur, de leur âme. (*Seigneur*) Voilà la véritable origine de notre problème. (*Exactement*)

Mes amis, tout ce que j'essaie de dire, c'est que si nous voulons maintenant aller de l'avant, nous devons revenir sur nos pas et redécouvrir quelques précieuses et puissantes valeurs que nous avons perdues en chemin. (*Oui*) C'est la seule façon de rendre ce monde meilleur, d'en faire ce que Dieu veut, selon son dessein et son sens. La seule façon d'accomplir cela est de retourner en arrière (*Oui*) et de redécouvrir quelques précieuses et puissantes valeurs abandonnées en chemin.

Notre situation actuelle me rappelle un épisode très connu de la vie de Jésus. Il a été lu ce matin, au chapitre 2 de l'évangile de Luc. L'histoire est célèbre, très populaire ; nous la connaissons tous. Vous vous souvenez : lorsque Jésus a une douzaine d'années [1] (*Oui*) et qu'il y a cette tradition de la fête à Jérusalem. C'était la célébration annuelle, la fête de la Pâque, aussi ses parents montent-ils à Jérusalem en emmenant Jésus avec eux. Après y avoir passé quelques jours, ils décident de s'en retourner chez eux, à Nazareth. Ils se mirent en route, et comme d'habitude je suppose à cette époque, le père voyageait probablement en tête, la mère et les enfants derrière. Ils n'avaient pas, voyez-vous, les moyens de transport que nous connaissons aujourd'hui. Ni automobiles, ni métros, ni autobus. Ils marchaient et voyageaient à dos d'ânes et de chameaux, avec les moyens du bord. Aussi allaient-ils très lentement et le père menait habituellement la marche. (*Exactement*)

Ils quittèrent Jérusalem pour Nazareth, et j'imagine qu'ils marchèrent un moment sans regarder en arrière pour voir si tous étaient là. Toutefois l'Écriture poursuit en disant qu'ils

1. *Cf.* Luc 2, 41-52 (N.d.T.).

effectuèrent environ une journée de marche avant de s'arrêter, pour vérifier, j'imagine, si tout était en ordre, et de découvrir qu'il leur manquait quelque chose de très précieux. Ils s'aperçurent que Jésus n'était pas avec eux. (*Oui*) Jésus ne se trouvait pas parmi eux. (*Continue*) Aussi s'arrêtèrent-ils pour le chercher. Et de continuer ainsi parmi la parenté. Et de revenir sur leurs pas jusqu'à Jérusalem où ils le trouvèrent, en compagnie des docteurs de la Loi dans le temple. (*Oui, c'est vrai*)

Maintenant ce qu'il faut bien voir ici, c'est que les parents de Jésus se rendirent compte qu'ils avaient abandonné, perdu, une valeur très précieuse. Ils avaient bien compris qu'avant de pouvoir poursuivre leur route en direction de Nazareth, ils devaient rebrousser chemin vers Jérusalem pour récupérer cette valeur. (*C'est vrai*) Ils le savaient. Ils avaient conscience qu'ils ne pouvaient rentrer à la maison sans retourner à Jérusalem. (*Continue*)

Parfois, vous savez, il est nécessaire de rebrousser chemin pour aller de l'avant. (*Oui*) Je me souviens que, l'autre jour, je quittai New York en voiture pour Boston et m'arrêtai à Bridgeport dans le Connecticut pour rendre visite à quelques amis. Je sortis de New York par l'autoroute connue sous le nom de Merrit Parkway, qui mène à Boston, c'est une très bonne route. Je m'arrêtai à Bridgeport, et après y avoir passé deux ou trois heures, je décidai de poursuivre vers Boston et voulus retrouver cette autoroute Merrit Parkway. Et je sortis en songeant à cela. Je sortis, et pris la route pendant un moment lorsque je vis un panneau indiquant qu'à trois kilomètres j'allais traverser une petite ville que je connaissais – je n'avais pas à y passer. Aussi, je compris que j'avais emprunté la mauvaise route. Je m'arrêtai pour demander à quelqu'un quelle route emprunter pour retrouver cette autoroute. Il me répondit : « La Merritt Parkway se trouve à environ trente kilomètres en arrière, de ce côté-ci. Vous devez rebrousser chemin, car vous en êtes totalement sorti. » Autrement dit, avant de continuer vers Boston, je devais revenir en arrière de vingt à trente kilomètres pour reprendre ma route. N'est-ce pas ainsi que l'homme moderne s'est fourvoyé ? (*Seigneur, viens-lui en aide*) Et s'il veut se rendre à la ville du salut, il doit revenir en arrière et prendre la bonne voie directe. (*Amen*)

C'est exactement ce que comprirent les parents de Jésus, ils devaient rebrousser chemin et retrouver cette valeur précieuse qu'ils avaient laissée, et cela pour pouvoir aller de l'avant. Ils le comprirent. Aussi retournèrent-ils à Jérusalem et trouvèrent-ils Jésus. Ils le retrouvèrent, si je puis dire, pour pouvoir aller à Nazareth. (*Seigneur, viens-lui en aide*)

C'est précisément ce que nous devons faire dans notre monde contemporain. Nous avons laissé derrière nous de nombreuses valeurs précieuses. Or, si nous voulons aller de l'avant, si nous voulons rendre meilleur ce monde dans lequel nous vivons, nous devons rebrousser chemin, redécouvrir ces valeurs précieuses que nous avons abandonnées.

Je veux traiter de l'une ou l'autre de ces précieuses valeurs abandonnées, que nous devons redécouvrir si nous désirons aller de l'avant et améliorer ce monde.

La première valeur qu'il nous faut retrouver s'énonce comme suit : Toute réalité dépend de fondements moraux. En d'autres termes, il y a un univers moral, des lois morales de l'univers tout aussi éternelles que les lois physiques. (*Seigneur, viens-lui en aide*) Je ne suis pas sûr que vous le croyiez. Nous ne doutons jamais qu'il y a dans l'univers des lois physiques auxquelles nous devons obéir. Nous n'en doutons pas. C'est pourquoi nous ne sautons pas par jeu d'un avion ou d'un gratte-ciel, nous n'agissons pas ainsi. Car inconsciemment nous savons qu'en dernier lieu il y a une loi de la gravitation, dont nous subirons les conséquences, si nous n'y obéissons pas. Nous le savons. Même si nous ne savons rien de sa formulation newtonienne, nous la connaissons intuitivement, ce qui nous empêche de sauter par jeu du bâtiment le plus haut de Detroit. Nous ne le faisons pas. Car nous savons qu'il y a une loi de la gravitation décisive dans l'univers. (*Seigneur*) Ne pas en tenir compte est lourd de conséquences.

Toutefois je ne suis pas sûr que nous sachions qu'il y a des lois morales tout aussi décisives que les lois physiques. Je n'en suis pas sûr. Je ne suis pas sûr que nous croyions vraiment qu'il y a une loi d'amour au sein de cet univers, et qu'y désobéir est lourd de conséquences. (*Oui*) Je ne suis pas sûr que nous croyions vraiment cela. En fait deux éléments me convainquent du contraire, du fait que nous nous sommes écartés de ce principe qu'il y a un univers moral. (*Seigneur, viens-lui en aide*)

Tout d'abord, nous avons adopté dans ce monde moderne une sorte de relativisme éthique. Maintenant je n'essaie pas ici d'user de grands mots ; j'essaie d'exprimer quelque chose de très concret. À savoir que nous avons accepté l'opinion que le bien et le mal sont relatifs... [1]

La plupart des gens sont incapables de défendre leurs convictions, parce que c'est l'attitude de la majorité. (*Amen, oui*) Regardez, tout le monde ne fait pas cela, donc ça doit être mauvais. Tout le monde le fait, ça doit être bien. (*Oui, Seigneur, viens-lui en aide*) D'où une sorte d'interprétation quantitative de ce qui est bien.

Mais je tiens à vous dire ce matin que certaines choses sont bonnes et d'autres mauvaises. (*Oui*) De façon éternelle, absolue. C'est mal de haïr. (*Oui, c'est vrai*) Cela a toujours été mal et le sera toujours. (*Amen*) C'est mal en Amérique, en Allemagne, en Russie, en Chine. (*Seigneur, viens-lui en aide*) C'était mal deux mille ans avant Jésus Christ et mal mille neuf cent cinquante-quatre ans après. Cela a toujours été mal (*C'est vrai*) et le sera toujours. (*C'est vrai*) Il est mal de gaspiller vos existences dans un train de vie déréglé. (*Oui*) Peu importe que celui qui agit ainsi soit de Detroit, c'est mal. (*Oui*) Cela sera toujours mal, cela a toujours été mal. C'est mal à tout âge et dans toute nation. Certaines choses sont bonnes et d'autres mauvaises, peu importe que quelqu'un prétende le contraire. Ces choses sont absolues au sein de l'univers. Le Dieu de l'univers les a faites ainsi. Et tant que nous relativisons le bien

1. L'enregistrement est ici interrompu.

et le mal, nous nous révoltons contre les lois absolues de Dieu lui-même. (*Amen*)

Maintenant, ce n'est pas le seul élément qui me convainc que nous nous sommes écartés de cette attitude, (*Continue*) de ce principe. L'autre élément tient à notre tendance au pragmatisme pour juger du bien et du mal : tout ce qui marche est bon. (*Oui*) Si ça marche, c'est bon. Rien n'est mal sauf ce qui ne marche pas. Si vous n'êtes pas pris, c'est bon. [*Rires*] C'est l'attitude courante, non ? C'est très bien d'obéir aux dix commandements, mais surtout ne désobéissez pas au onzième : « Tu ne seras pas attrapé. » [*Rires*] C'est l'attitude courante. C'est en tout cas l'attitude qui prévaut dans notre culture. (*Vas-y*) Peu importe ce que vous faites, faites-le juste avec un peu de finesse. (*D'accord*) Vous savez, le genre d'attitude de survie du plus rusé. Non pas la survie du plus fort, type darwinien, mais celle du plus malin où a raison celui qui peut l'être. Il est permis de mentir, mais avec dignité. [*Rires*] Permis de voler et d'extorquer, mais avec quelque finesse. (*Oui*) Il est même autorisé de haïr, mais à condition d'enrober votre haine dans quelque habit d'amour et de faire croire que vous aimez alors que vous haïssez. Continuez ainsi ! Selon cette nouvelle éthique, cela est juste. (*Seigneur, viens-lui en aide*)

Mes amis, une telle attitude corrompt l'âme de notre culture. (*Vous avez raison sur ce point*) Elle détruit notre nation. (*Oh ! oui*) Ce dont nous avons besoin dans ce monde actuel, c'est d'hommes et de femmes susceptibles de se lever pour ce qui est bien et de s'opposer au mal, quel qu'il soit. (*Seigneur, aie pitié*) Un groupe de gens ayant peu à peu perçu que certaines choses sont mauvaises, même s'ils n'ont jamais été attrapés en train de les accomplir, et que certaines choses sont bonnes, même si personne ne les a vus les accomplir ou non.

Tout ce que j'essaie de vous dire (*Aie pitié, mon Dieu*), c'est que notre monde repose sur des fondements moraux. Dieu l'a créé ainsi. Dieu a créé l'univers sur la base d'une loi morale. (*Seigneur, viens-lui en aide*) De telle sorte que, si l'homme désobéit à cela, il se révolte contre Dieu. Ce dont nous avons besoin dans notre monde aujourd'hui, c'est de gens capables de se dresser pour prendre conscience de ce qui est juste et bon. Il n'est pas suffisant de connaître la complexité de la zoologie et de la biologie, nous devons connaître aussi celle de la loi. (*Oui*) Ce n'est pas suffisant de savoir que deux et deux font quatre, mais nous devons savoir d'une manière ou d'une autre qu'il est bon d'être honnête et juste à l'égard de nos frères. (*Oui*) Ce n'est pas suffisant de tout connaître en matière de philosophie ou de mathématiques, (*Aie pitié*) mais nous devons acquérir les disciplines simples de l'honnêteté, de l'amour et de la justice envers l'humanité tout entière. (*Oh ! oui*) Si nous n'apprenons pas cela, nous nous détruirons nous-mêmes (*C'est juste*) par l'abus de nos propres pouvoirs. (*Amen*)

Cet univers repose sur des fondations morales. (*Ouais*) Il y a quelque chose dans cet univers qui donne raison à Carlyle [1] lorsqu'il déclare qu'« aucun mensonge ne peut durer éternellement ». Il y a quelque chose dans cet univers qui donne raison à William Cullen Bryant [2] lorsqu'il déclare que « la vérité, foulée à terre, vivra à nouveau ». (*Mon Seigneur, amen*) Il y a quelque chose dans cet univers qui donne raison à James Russell Lowell [3] lorsqu'il déclare :

> La Vérité constamment sur l'échafaud,
> L'Erreur toujours sur le trône.
> Mais cet échafaud gouverne l'avenir. (*Seigneur aide-le*)
> Et derrière l'obscurité de l'inconnu,
> Dans l'ombre, veillant sur ce qui est sien, se tient Dieu.
> (*Amen*)

---

1. Thomas Carlyle (1795-1881), historien, critique et philosophe écossais. King paraphrase ici une citation tirée de *French Revolution* (1857), 1re partie, 3e livre, chap. 1 (N.d.T.).

2. William Cullen Bryant (1794-1878), poète et publiciste américain. La citation est tirée du poème *The Battlefield* (1839), strophe 9 (N.d.T.).

3. James Russell Lowell (1819-1891), successivement poète, critique, professeur de langues modernes et diplomate américain. La citation provient de *The Present Crisis* (1844), strophe 8. Les lignes originales du poème faisaient initialement partie d'une déclaration anti-esclavagiste (N.d.T.).

Il y a quelque chose dans cet univers qui donne raison au rédacteur biblique lorsqu'il déclare : « Tu récolteras ce que tu as semé [1]. » (*Amen*) C'est une loi de l'univers. (*Amen*) Elle repose sur des fondations morales. (*Seigneur, aide-le*) Si nous voulons rendre meilleur ce monde, nous devons regarder en arrière et redécouvrir les valeurs précieuses que nous avons abandonnées. (*Oui*)

Et il y a un second point, un second principe sur lequel nous devons revenir et qu'il nous faut redécouvrir. (*Aide-le*) C'est que toute réalité est contrôlée spirituellement. En d'autres mots, nous devons revenir en arrière et redécouvrir le principe qu'il y a un Dieu derrière la marche du monde. Arrivés là, vous dites : « Pourquoi soulèves-tu un tel point dans ton sermon dans une église ? Le simple fait que nous soyons à l'église montre que nous croyons en Dieu, que nous n'avons pas besoin d'en revenir là et de redécouvrir cela. Notre simple présence ici, le fait que nous chantions, prions et soyons venus à l'église, atteste notre foi en Dieu. » C'est vrai, il y a là quelque vérité. Mais nous devons nous souvenir qu'il est possible d'affirmer l'existence de Dieu du bout des lèvres et de la nier au cœur de notre existence. (*Amen, prêche*) L'athéisme le plus dangereux n'est pas théorique, mais pratique (*Amen*) – c'est le plus dangereux. (*Seigneur, aie pitié*) Et le monde, même à l'église, est rempli de gens qui honorent Dieu du bout des lèvres, mais non dans leur vie. (*C'est vrai. Ils l'honorent. Viens, Seigneur, aide-le*) Et il y a toujours un danger de donner l'impression que nous croyons en Dieu, alors que ce n'est pas le cas intérieurement. (*Oui*) Nos bouches confessent notre foi en lui, mais nous vivons nos vies comme s'il n'avait jamais existé. (*C'est vrai*) C'est le danger constant qui menace la religion. C'est un type dangereux d'athéisme.

Et je pense, mes amis, que c'est ce qui est arrivé en Amérique. Inconsciemment, nous avons laissé Dieu à l'arrière. Certes, nous ne l'avons pas fait consciemment, mais inconsciem-

1. Galates 6, 7 (N.d.T.).

ment. Le texte, voyez-vous, vous vous en souvenez, dit que les parents de Jésus marchèrent un jour entier sans savoir qu'il ne les accompagnait pas. Ils ne le laissèrent pas consciemment en arrière. (*En effet*) Inconsciemment, ils allèrent de l'avant un jour entier, sans même le savoir. Ce n'était pas un processus conscient. Nous ne grandissons pas, voyez-vous, en disant : « Maintenant, au revoir Dieu, nous allons t'abandonner. » En Amérique, le matérialisme est devenu une chose inconsciente. Depuis le développement de la révolution industrielle en Angleterre, suivie de l'invention de tous les gadgets et mécanismes et de tout ce qui est pratique et confortable, nous avons inconsciemment abandonné Dieu à l'arrière. Sans le vouloir.

Nous nous sommes tant plongés dans nos comptes bancaires qu'inconsciemment nous avons oublié Dieu – ce n'était pas notre intention.

Nous nous sommes tant impliqués pour acquérir nos luxueuses voitures – et elles sont belles – qu'il est devenu plus agréable de se rendre à la plage le dimanche après-midi qu'à l'église ce matin. (*Oui*) C'était un geste inconscient, ce n'était pas notre intention.

Nous nous sommes tant impliqués et nous avons été si fascinés par les subtilités de la télévision que nous avons trouvé plus pratique de rester à la maison que de nous rendre à l'église. C'était un geste inconscient, ce n'était pas notre intention. Simplement, nous ne nous sommes pas levés en disant : « Seigneur, maintenant, salut. » (*Seigneur, aide-le*) Nous avons fait une journée de route, (*Oui*) avant de nous rendre compte qu'inconsciemment nous avions relégué Dieu hors de l'univers. Un jour entier de voyage – ce n'était pas notre intention. Nous nous sommes tant plongés dans nos affaires que nous avons oublié Dieu. (*Oh ! oui*)

Et ce danger nous menace, mes amis : dans un pays comme le nôtre, où la production de masse s'accroît, et c'est très important, où nous avons tant d'avantages, de produits de luxe et tout ce genre de choses, réside le danger qu'inconsciemment nous oubliions Dieu. Je ne dis pas que ces choses sont sans importance, nous en avons besoin ; nous avons besoin de voitures, d'argent, car tout cela est important pour vivre. Mais lorsque ces choses se substituent à Dieu, (*Oui*) elles deviennent préjudiciables. (*Amen*)

Et puis-je vous confier ce matin (*Seigneur, aide-le*) qu'aucune de ces choses ne peut offrir un véritable substitut à Dieu ? Voitures et métros, télévisions et radios, dollars et centimes ne peuvent remplacer Dieu. (*Amen*) Car bien avant que tout cela existe, nous avions besoin de Dieu. (*Amen, oui*) Et bien après que tout cela aura passé, nous aurons encore besoin de Dieu. (*Oh ! ouais*)

Et je vous le dis en conclusion, (*Seigneur, aie pitié)* je ne vais pas placer dans des choses mon ultime confiance. Je ne vais pas placer dans ces gadgets et autres objets mon ultime confiance. Jeune, ayant la majeure partie de ma vie devant moi, j'ai très tôt décidé (*Oh ! oui*) de consacrer mon existence à quelque chose d'éternel et d'absolu. (*Tout à fait d'accord*) Non pas à ces petits dieux vivants aujourd'hui et morts demain, (*Continue*) mais à ce Dieu qui demeure le même hier, aujourd'hui et demain. (*Amen, amen*)

Non à ces petits dieux qui nous accompagnent lors de quelques moments de prospérité, (*Oui*) mais à ce Dieu qui nous accompagne dans la vallée de l'ombre et de la mort (*C'est vrai*) et grâce auquel je ne craindrai aucun mal [1]. (*Tout à fait d'accord*) C'est ce Dieu. (*Continue*)

Non dans le dieu susceptible de nous procurer quelques Cadillac ou Buick décapotables, si belles soient-elles, à la mode aujourd'hui et démodées dans trois ans, (*Tout à fait d'accord*) mais dans ce Dieu qui projeta les étoiles (*Continue*) pour orner les cieux telles des lanternes éternelles qui se balancent. (*Tout à fait d'accord. Oh ! oui*)

Non en ce dieu capable de dresser quelques gratte-ciel, mais en Dieu qui fait surgir les gigantesques montagnes qui embras-

1. *Cf.* Psaume 23, 4 (N.d.T.).

sent le ciel, (*Amen*) comme pour baigner leurs sommets dans la douceur de bleus chatoyants. (*Oui*)

Non dans ce dieu capable de nous procurer quelques télévisions et radios, mais en Dieu qui dressa l'immense lumière cosmique qui se lève chaque matin à l'est de l'horizon, (*Oh ! oui*) qui peint en couleurs au travers du bleu (*Oh ! oui, continue*) – chose dont l'homme sera toujours incapable. (*D'accord, oui*)

Je ne placerai pas ma confiance ultime dans ces petits dieux qui peuvent être détruits à l'âge atomique, (*Oui*) mais en ce Dieu qui a été notre secours à travers les âges, (*Continue*) et notre espérance pour les années à venir, (*D'accord*) notre refuge au milieu de la tempête, (*Oh ! oui*) notre demeure éternelle [1]. C'est le Dieu dans lequel je place ma confiance ultime. (*Oh ! oui, continue maintenant*) C'est le Dieu que je vous exhorte ce matin à adorer. (*Oui*)

Sortez et soyez sûrs que Dieu durera éternellement. (*Oui*) Des tempêtes peuvent aller et venir. (*Oui*) Nos imposants gratte-ciel viendront et passeront. (*Oui*) Nos belles automobiles viendront et passeront, mais Dieu demeurera présent. (*Amen*) Des plantes peuvent dépérir, des fleurs se faner, mais la Parole de notre Dieu durera éternellement et rien ne pourra l'arrêter [2]. (*Viens à la conclusion*) Tous les P-38 [3] du monde sont à jamais incapables d'atteindre Dieu. Toutes nos bombes atomiques sont à jamais incapables d'atteindre Dieu. Le Dieu dont je vous parle ce matin (*Vas-y*) est le Dieu de l'univers et le Dieu qui perdure à travers les âges. (*D'accord*) C'est le Dieu qui exige et commande notre fidélité ultime. (*C'est vrai*)

Si nous voulons aller de l'avant, (*Oh ! oui*) il nous faut revenir sur nos pas et redécouvrir ces précieuses valeurs : (*Bien*) à savoir que toute réalité a pour base des fondations morales (*Seigneur, aie pitié*) et que toute réalité est contrôlée spirituellement. (*Oui*) Que Dieu vous bénisse. (*Amen, amen, amen*)

---

1. King fait ici allusion à un hymne bien connu de ses auditeurs *O God, Our Help in Ages Past* (N.d.T.).
2. *Cf.* Isaïe 40, 8 (N.d.T.).
3. Avions de chasse de la Seconde Guerre mondiale (N.d.T.).

2

Lettre de Paul aux chrétiens d'Amérique

Introduction du pasteur C.T. Vivian [1]

Ce sermon est l'un des plus connus du jeune Martin Luther King. Le lire revient à pénétrer l'esprit de Martin avant qu'il ne devienne la conscience d'une nation, le chef de file d'un peuple et le porte-parole national des pauvres.

Il est très important que nous le considérions toujours comme un pasteur, un prédicateur tout autant qu'un homme d'action, un porte-parole ou un défenseur des droits civiques. Ces derniers attributs ne sont que les expressions de son ministère. Martin a transformé l'image séculaire du pasteur et du ministère, en faisant de l'engagement social une tâche presque nécessaire du clergé.

Peu de pasteurs ou de politiciens du Sud avaient obtenu un doctorat. Martin se destina à un ministère à dimension sociale, et il se prépara mieux que d'autres à devenir un responsable

1. Membre du comité exécutif de l'équipe de King en tant que directeur national des filiales, le pasteur et docteur C.T. Vivian a organisé de nombreuses campagnes d'actions directes non violentes. Il est le fondateur et le responsable du Centre pour le renouveau démocratique, du Centre national en faveur de l'éducation aux droits de l'homme, et consultant pour le Centre d'information et de stratégies d'actions de base.

d'envergure nationale. Les pauvres d'Amérique ont très rarement eu un porte-parole aussi qualifié pour les organiser. Il pouvait leur demander beaucoup et dire en leur nom la vérité aux puissants.

Un coup d'œil à la liste des prix Nobel de la paix révèle un fait étonnant : la nation existe à l'intérieur de la civilisation chrétienne depuis des siècles et pourtant le Dr Martin Luther King ne fut que le troisième clerc à recevoir la plus haute distinction décernée par la culture occidentale : le prix Nobel de la paix.

Il ne chercha pas à flatter l'Église, ses premiers sermons et ses derniers discours l'attestent. Il la défia même avec agressivité, de toutes les manières possibles. Mais son amour pour la foi et les vérités de Jésus, et son espoir de réformer l'Église étaient patents.

Ce sermon en direction de l'Église mettait en évidence les difficultés et les possibilités de notre temps. Sachant que l'Église se considérait elle-même comme une institution de culture chrétienne de valeur, il commença par en montrer les besoins. Puis il prêcha pour montrer que les problèmes sociaux, et le racisme en particulier, sont des problèmes moraux et spirituels aux conséquences politiques et économiques. Il voulait mettre l'Église de son côté, mais non selon ses termes à elle. Sa capacité à atteindre la conscience de l'Amérique fut sa plus grande contribution aux luttes en faveur de la liberté des opprimés. Sous cet angle moral et spirituel, il exigea constamment des changements de structures ou, selon l'expression de Paul, en appela aux « principautés et pouvoirs de ce monde » [1]. (D'une certaine manière, sa « Lettre de la prison de Birmingham » commence avec sa « Lettre aux chrétiens d'Amérique ».)

Dans ce sermon de jeunesse, il atteint tous les chrétiens en parlant de ruptures et de désunions dénominationnelles. Plus tard, il rejoindra des gens de toutes convictions religieuses et

1. Éphésiens 6, 12 (N.d.T.).

ils l'entendront plus profondément que la plupart des dirigeants chrétiens. Abraham Heschel, le bien-aimé grand rabbin, mystique, intellectuel et homme d'action, déclara à tous ceux qui l'estimaient : « Le futur tout entier de l'Amérique dépendra de l'impact et de l'influence du Dr King. » Cette déclaration reste valide. Le mouvement de Martin créa peut-être le plus grand mouvement œcuménique contemporain.

Martin a toujours pratiqué sur la place publique ce qu'il prêchait en chaire. Il exigeait du courage des hommes d'Église et il prêchait personnellement par l'exemple. Son courage le conduisit à défier activement tous les systèmes – en premier lieu l'Église, puis les systèmes politiques, et finalement les systèmes économiques. C'est en exigeant davantage de justice, de liberté et de travail qu'il connut ses plus grands succès. Ceux-ci nous invitent à croire que la communauté humaine peut devenir ce qu'elle choisit d'être. Il réalisa cela en nous appelant à légiférer à partir de la rue, et non simplement à gérer les conséquences.

Ce sermon résume ses campagnes d'action directe non violente des années à venir. Il corrige l'Église et fonde au sein de l'Église afro-américaine son organisation active, la Conférence des dirigeants chrétiens du Sud. La loi sur les droits civiques fut le point culminant du défi qu'il lança aux structures politiques. La campagne en faveur des pauvres – offrir à chaque famille un salaire minimum – représenta sa tentative la plus sérieuse pour corriger les excès du système économique. Cet acte d'amour pour tous précipita son martyre.

Ce sermon, prêché à la chaire de l'église de Dexter Avenue le 4 novembre 1956 – neuf jours auparavant, la Cour suprême avait déclaré inconstitutionnelles les lois régissant la ségrégation dans les autobus d'Alabama – lui donna l'occasion de parler en position de force. Au cours de l'année 1956, il avait pratiqué avec intégrité ce qu'il avait prêché. Il utilisa la force nouvelle la plus puissante de ce siècle : l'action directe non violente. À travers son ministère de non-violence, il donna à notre société complexe et fragile une réponse à sa difficulté principale : comment résoudre les problèmes sociaux sans violence ? En agissant ainsi, Martin améliora notre démocratie, nous força à faire face à nos sérieux problèmes raciaux et économiques et nous redonna foi dans les concepts spirituels qu'il discernait derrière toute réalité.

Enfin, le monde reconnaissant lui octroya le prix Nobel de la paix. Sa naissance est un jour férié national. Il marqua de son empreinte la conscience de l'humanité [1]. Sans le vouloir, ce ministre de Jésus Christ du XXe siècle devint notre prophète du XXIe siècle.

---

1. Suite à un amendement signé par le président Ronald Reagan en novembre 1983, la naissance de King est, depuis 1986, commémorée officiellement chaque troisième lundi de janvier (N.d.T.).

Lettre de Paul aux chrétiens d'Amérique [1]

Je voudrais partager avec vous une lettre imaginaire de la plume de l'apôtre Paul. Le timbre indique qu'elle provient d'Éphèse. En l'ouvrant, je remarque qu'elle a été rédigée en grec plutôt qu'en anglais. Au haut de la première page figure cette demande : « À lire à votre communauté dès que possible, puis la transmettre à d'autres. »

J'ai travaillé assidûment à sa traduction pendant plusieurs semaines, mais, après avoir éprouvé quelques sérieuses difficultés, je pense avoir maintenant découvert sa véritable signification. Si le contenu de cette lettre a étrangement le ton de King plutôt que celui de Paul, attribuez cela à mon manque d'objectivité parfaite plutôt qu'à un manque de clarté de la part de Paul.

Il est vraiment miraculeux que l'apôtre Paul puisse nous adresser une lettre, à vous et moi, près de mille neuf cents ans après la parution de sa dernière épître dans le Nouveau Testa-

1. Prédication prononcée le 4 novembre 1956 en l'église baptiste de Dexter à Montgomery (Alabama).

ment. Que cela soit possible tient de l'énigme enrobée de mystère. Toutefois, l'essentiel est que je puisse imaginer l'apôtre Paul rédigeant cette lettre aux chrétiens d'Amérique en 1956. Voici la lettre telle qu'elle m'apparaît.

Paul, appelé à être apôtre de Jésus Christ par la volonté de Dieu, à vous qui êtes en Amérique, grâce et paix de la part de Dieu notre Père, par notre Seigneur et Sauveur, Jésus Christ.

Depuis de nombreuses années j'ai désiré vous voir, ayant entendu tant de choses à votre sujet et au sujet de ce que vous faites. Des nouvelles me sont parvenues concernant les progrès fascinants et étonnants que vous avez accomplis dans le domaine scientifique. J'ai entendu parler de vos brillants métros et de vos avions rapides comme l'éclair. Grâce à votre génie scientifique, vous avez été capables de réduire les distances et de dominer le temps. Vous avez été capables de vous frayer des autoroutes vers la stratosphère. Il est donc devenu possible dans votre monde de prendre son petit déjeuner à New York et son dîner à Paris (France). J'ai également entendu parler de vos gratte-ciel et de leurs tours audacieusement dressées vers les étoiles. On m'a raconté vos grands progrès en médecine qui permettent la guérison de nombreux fléaux et de terribles maladies, prolongeant ainsi la vie et offrant une plus grande sécurité et davantage de bien-être physique. Tout cela est merveilleux. Vous pouvez faire aujourd'hui tant de choses que j'étais incapable d'accomplir de mon temps, au sein du monde gréco-romain. Vous parcourez en un seul jour des distances qui, à mon époque, demandaient trois mois. C'est merveilleux. Quelles enjambées formidables vous avez faites dans le domaine du développement scientifique et technique !

Mais, Amérique, te considérant de l'extérieur, je me demande si ton progrès moral et spirituel a été proportionnel à ton progrès scientifique. Il m'apparaît que ton progrès moral ne suit pas ton progrès scientifique. Et qu'il est même à la traîne.

Ton poète Thoreau[1] avait l'habitude de parler de « moyens améliorés pour une fin qui ne l'est pas ». Combien cela est-il vrai ! Tu as laissé les moyens matériels qui te permettent de vivre distancer les fins spirituelles pour lesquelles tu vis. Tu as laissé ta mentalité outrepasser ta moralité, ta civilisation dépasser ta culture. Ton génie scientifique a transformé le monde en proximité de voisinage, que ton génie moral et spirituel a échoué à rendre fraternel. C'est pourquoi, Amérique, je voudrais t'exhorter vivement à aligner ton progrès moral sur ton progrès scientifique.

[Frères,] J'estime nécessaire de vous rappeler votre responsabilité de représenter les principes moraux du christianisme au sein d'un monde déchristianisé. C'est là mon devoir. Et c'est celui de chaque chrétien. Je comprends qu'il y ait en Amérique beaucoup de chrétiens qui accordent leur confiance à des systèmes et des coutumes d'origine humaine, par peur d'être différents. Leur grand souci est que la société les accepte. Au point qu'ils vivent avec de grands principes tels que : « Puisque tout le monde agit ainsi, cela doit être juste. » Pour beaucoup d'entre vous, la moralité signifie simplement l'unanimité du groupe. Dans votre jargon sociologique, les habitudes sont acceptées comme la voie juste. Inconsciemment, vous en êtes venus à croire que les opinions majoritaires déterminées par les instituts de sondage Gallup expriment ce qui est correct. Ils sont nombreux, ceux qui accordent ainsi leur confiance ultime.

Mais, chrétiens d'Amérique, je dois vous répéter ce que j'écrivais aux chrétiens de Rome il y a quelques années : « Ne vous conformez pas au monde présent, mais soyez transformés par le renouvellement de votre intelligence[2]. » Or, je l'ai dit aux chrétiens de Philippes : « Vous êtes une cité céleste[3]. »

1. Henri-David Thoreau (1817-1862), essayiste, moraliste et poète américain. Auteur notamment d'un célèbre essai publié en 1849 et intitulé *La désobéissance civile* (N.d.T.).
2. Romains 12, 2 (N.d.T.).
3. Philippiens 3, 20 (N.d.T.).

Cela signifie que, bien qu'assujettis au temps, votre lien ultime est l'éternité. Vous avez une double citoyenneté. Vous vivez à la fois dans le temps et l'éternité, au ciel et sur la terre. En conséquence, votre fidélité la plus haute, c'est à Dieu que vous la devez, et non à l'État, à la nation ou à quelque institution humaine. Le chrétien se doit à Dieu et si une institution terrestre ou une habitude humaine est contraire à la volonté de Dieu, c'est votre devoir de chrétien de vous y opposer. Vous ne devez jamais permettre aux exigences transitoires et éphémères de prendre le pas sur les exigences éternelles du Dieu tout-puissant.

J'apprends que vous avez en Amérique un système économique connu sous le nom de capitalisme qui vous a permis d'accomplir des merveilles. Vous êtes devenus la nation la plus riche du monde et vous avez mis sur pied le système de production le mieux développé que l'histoire ait jamais connu. Tout cela est merveilleux. Cependant, chers Américains, un danger vous menace : celui de faire un mauvais usage de votre capitalisme. Je soutiens toujours que l'amour de l'argent peut être la racine de tous les maux [1] et peut conduire un homme à devenir un grossier matérialiste. Je crains que beaucoup d'entre vous soient plus intéressés à se faire une situation plutôt qu'à vivre, tant vous êtes prompts à juger de votre succès professionnel en le mesurant à l'aune de votre salaire et à la taille de votre automobile, plutôt qu'au service que vous rendez à l'humanité.

Le mauvais emploi du capitalisme peut aussi conduire à une exploitation tragique. Cela s'est bien souvent produit dans votre nation. Je me suis laissé dire qu'un millième de la population contrôle plus de 40 % de la richesse. Ô Amérique, que de fois tu as pris le nécessaire aux masses et accordé le superflu aux privilégiés ! Si tu veux vraiment être une nation chrétienne, tu dois résoudre ce problème. Tu ne peux le faire en te tournant vers le communisme, car celui-ci est fondé sur un relativisme

---

1. *Cf.* 1 Timothée 6, 10 (N.d.T.).

éthique, sur un matérialisme métaphysique inacceptable aux yeux du chrétien. Mais tu peux travailler dans un cadre démocratique pour améliorer la distribution des richesses. Tu dois employer tes puissantes ressources économiques à éliminer la pauvreté de la terre. Dieu n'a jamais voulu qu'un seul peuple vive dans une richesse superflue et excessive alors que les autres ne connaissent qu'une pauvreté abjecte et mortifère. Dieu désire que tous ses enfants jouissent des premières nécessités de la vie, et, précisément dans ce but, Il a mis en ce monde plus que le nécessaire. C'est pourquoi je t'exhorte fermement à combler ce fossé entre pauvreté abjecte et richesse superflue.

Je voudrais pouvoir être à vos côtés personnellement, pour vous dire, les yeux dans les yeux, ce que je suis obligé de mettre par écrit. Oh, combien j'aspire à partager votre compagnie !

Laissez-moi vous dire quelque chose concernant l'Église. Chers Américains, je dois vous rappeler, comme je l'ai répété à maintes reprises, que l'Église est le Corps du Christ. Lorsque l'Église est fidèle à sa nature, elle ne connaît ni division ni désunion. Je suis perturbé par ce que vous faites du Corps du Christ. J'ai appris que dans le protestantisme américain, il y a près de deux cent cinquante-six dénominations. Le tragique ne tient pas tant à une telle multiplicité de dénominations, mais au fait que beaucoup de groupes prétendent posséder la vérité absolue. Un sectarisme si étroit détruit l'unité du Corps du Christ. Vous devez prendre conscience que Dieu n'est ni baptiste, ni méthodiste, ni presbytérien, ni épiscopalien. Dieu dépasse toutes nos dénominations. Si vous voulez être de vrais témoins du Christ, chers Américains, vous devez en être convaincus !

Mais je ne m'en tiens pas à la seule critique du protestantisme. Le catholicisme romain me perturbe. Cette Église se présente au monde avec faste et pouvoir, soutenant avec insistance qu'elle est la seule détentrice de la vérité. Cela suppose une arrogance tendant à devenir spirituellement dangereuse. Cela tient à son noble pape, qui, lorsqu'il s'exprime *ex cathedra*, s'élève d'une manière ou d'une autre jusqu'aux sommets miraculeux de l'infaillibilité. Qu'une personne ou qu'une institution puisse affirmer son infaillibilité me perturbe, de même que son refus de collaborer avec d'autres Églises, sous prétexte qu'elle est la seule véritable Église. J'insiste : Dieu n'est pas catholique romain et sa révélation sans borne ne se limite pas au Vatican. Le catholicisme romain doit faire un effort pour rectifier son chemin.

Une autre chose me trouble aussi constamment au sujet de l'Église américaine, c'est que vous avez une Église blanche et une Église noire. Vous avez laissé la ségrégation franchir le seuil de l'Église. Comment donc une telle division peut-elle régner au sein du vrai Corps du Christ ? Vous devez vous rendre compte de ce fait tragique que, lorsque vous vous levez pour chanter « Tous acclamèrent le pouvoir du nom de Jésus » et « Cher Seigneur et Père de toute l'humanité » [1], vous le faites à l'heure de l'Amérique chrétienne la plus marquée par la ségrégation. On me dit qu'il y a plus d'intégration dans le monde du spectacle et dans d'autres organismes profanes que dans l'Église chrétienne. Quelle monstruosité !

Si je comprends bien, vous comptez parmi vous des chrétiens qui tentent de justifier la ségrégation par des fondements bibliques, en soutenant que le Noir est inférieur par nature en raison de la malédiction de Noé à l'endroit de Cham [2]. Mes amis, c'est un blasphème qui va à l'encontre de tout ce que proclame la religion chrétienne. Je dois vous répéter ce que j'ai souvent dit à beaucoup de chrétiens auparavant : en Christ « il n'y a plus ni Juif ni Grec, ni esclave ni homme libre, ni homme ni femme, car tous, nous ne sommes qu'un en Jésus Christ [3] ». En outre, je dois répéter ce que j'ai proclamé sur le Champ de Mars : « Le Dieu qui a créé l'univers et tout ce qui s'y trouve [...]

1. *All Hail the Power of Jesus' Name* et *Dear Lord and Father of All Mankind.*
2. *Cf.* Genèse 9, 24 (N.d.T.).
3. Galates 3, 28 ; à noter que M.L. King use du « nous » au lieu du « vous » original (N.d.T.).

c'est à partir d'un seul homme qu'il a créé tous les peuples pour habiter toute la surface de la terre [1]. »

Ainsi, chers Américains, je dois vous prier avec insistance de vous débarrasser de toute forme de ségrégation. L'universalisme large qui est au cœur de l'Évangile rend injustifiable tout à la fois la théorie et la pratique de la ségrégation qui nie de façon flagrante l'unité que nous avons en Christ. Elle substitue la relation « moi-cela » à la relation « moi-toi » [2] ; elle réduit au statut de choses ceux qui subissent la ségrégation, au lieu de les élever au rang de personnes. La philosophie qui sous-tend le christianisme s'oppose diamétralement à celle qui sous-tend la ségrégation, et toutes les dialectiques logiques ne peuvent faire passer un tel mensonge.

J'estime votre Cour suprême pour la décision historique qu'elle a prise il y a deux ou trois ans [3] et suis heureux de constater que tant de gens de bonne volonté ont vu dans cette décision une grande victoire morale. Pourtant, j'entends dire que certains frères ont manifesté ouvertement leur opposition à cette décision et que leurs locaux judiciaires résonnent de termes comme « annulation » et « suspension ». Puisque ces frères ont perdu le sens exact de la démocratie et du christianisme, j'insiste pour que chacun de vous argumente patiemment avec eux et leur indique que ce n'est pas le chemin. Vous devez essayer de changer leurs attitudes par votre compréhension et votre bon vouloir. Montrez-leur qu'en se dressant contre l'intégration, ils s'opposent non seulement aux nobles préceptes de votre démocratie, mais aussi aux préceptes éternels de Dieu lui-même. Oui, Amérique, la voix prophétique d'un Amos reste nécessaire : « Que le droit jaillisse comme les eaux et la justice comme un torrent intarissable [4] ! »

Puis-je juste adresser un mot à ceux qui luttent contre ce

---

1. Actes 17, 24-26 (N.d.T.).
2. *Cf.* Martin Buber, *Je et Tu*, Paris, Aubier, 1969 (N.d.T.).
3. King fait ici allusion à l'arrêt rendu le 17 mai 1954 par la Cour suprême des États-Unis, arrêt déclarant inconstitutionnelle la ségrégation dans les établissements scolaires (N.d.T.).
4. Amos 5, 24 (N.d.T.).

mal ? Veillez à toujours combattre avec des méthodes et des armes chrétiennes. Ne succombez jamais à la tentation de l'amertume. Quand vous exigez la justice, veillez à agir dans la dignité et la discipline, avec l'amour pour arme principale. Ne permettez à personne de vous abaisser au point que vous en veniez à le haïr. Évitez toujours la violence. Si au cours de votre lutte vous succombez à la violence, les générations futures subiront les conséquences de la longue nuit désolée de l'amertume, et l'héritage principal que vous léguerez à l'avenir sera un règne éternel de chaos.

En combattant pour la justice, faites comprendre à votre oppresseur que vous n'avez nul désir de le vaincre, de l'humilier, ou même de lui faire payer les injustices dont il vous a accablés. Faites-lui comprendre que vous recherchez simplement la justice, tant pour lui que pour vous-mêmes. Faites-lui comprendre que l'ulcère infecté de la ségrégation affaiblit le Blanc tout autant que le Noir. En adoptant une telle attitude, vous garderez votre cause à un niveau élevé de christianisme.

Nombreux sont ceux qui comprennent l'urgence d'éradiquer le mal de la ségrégation. Nombreux sont les Noirs qui veulent vouer leurs vies à la cause de la liberté et les Blancs de bonne volonté et de forte sensibilité qui oseront prendre position pour la justice. L'honnêteté me pousse à reconnaître qu'une telle position requiert l'acceptation de la souffrance et du sacrifice. Ne soyez donc pas découragés si vous êtes condamnés et persécutés pour l'amour de la justice. Si vous rendez témoignage à la vérité et à la justice, vous serez voués au mépris. On vous traitera souvent d'idéalistes peu pratiques ou de radicaux dangereux. Parfois même, vous risquez d'être jetés en prison. Si cela vous arrive, vous devez faire à la prison l'honorable faveur de votre présence. Cela peut vouloir signifier la mort physique. Mais si celle-ci est le prix que certains doivent payer pour libérer leurs enfants d'une éternelle mort psychologique, rien ne pourrait être plus chrétien. Amérique, ne te tracasse pas au sujet de la persécution ; tu dois l'accepter si tu te dresses pour un grand principe. Je peux le dire avec une certaine autorité, car mon existence a été une ronde incessante de persécutions. Après ma conversion à Jérusalem, j'ai été rejeté par les disciples. Plus tard, j'y ai été accusé d'hérésie. J'ai été emprisonné à Philippes, battu à Thessalonique, houspillé à Éphèse et humilié à Athènes. Pourtant je vais encore de l'avant. Je suis sorti de chacune de ces expériences plus persuadé que jamais que « ni la mort ni la vie, ni les anges ni les dominations, ni le présent ni l'avenir [...] ne pourra nous séparer de l'amour de Dieu manifesté en Jésus Christ notre Seigneur [1] ». Je crois encore que proclamer la vérité de Dieu est la chose la plus importante en ce monde. Le but de la vie n'est pas d'être heureux ni de s'assurer le plaisir et d'éviter la souffrance, c'est de faire la volonté de Dieu, quelle qu'elle soit.

Je dois conclure. Timothée attend cette lettre et je dois partir pour une autre Église. Toutefois, avant de vous quitter, je tiens à vous dire, comme je l'ai dit à l'Église de Corinthe, que l'amour est dans le monde la force la plus durable. Tout au long des siècles, les hommes ont cherché à découvrir le bien le plus élevé. Ce fut la question centrale de la philosophie morale et l'une des grosses questions de la philosophie grecque. Épicuriens et stoïciens ont cherché à y répondre, de même que Platon et Aristote. Quel est le *summum bonum* de la vie ? Amérique, je crois avoir une réponse à fournir. Je pense avoir découvert le bien suprême. C'est l'amour. Ce principe se tient au centre du cosmos. Et Jean le dit : « Dieu est amour. » Celui qui aime participe à l'être de Dieu. Celui qui n'aime pas ne connaît pas Dieu [2].

Chrétiens d'Amérique, vous pouvez maîtriser les subtilités de votre langue anglaise et posséder l'éloquence des discours bien construits. Cependant, même si vous « parlez en langues, celles des hommes et celle des anges, s'il vous manque l'amour, vous n'êtes qu'un métal qui résonne, qu'une cymbale retentissante [3] ».

1. Romains 8, 38-39 (N.d.T.).
2. 1 Jean 4, 16 et 20 (N.d.T.)
3. 1 Corinthiens 13, 1-2. King poursuit ce paragraphe et le suivant en mêlant citations et paraphrases de ce même passage de 1 Corinthiens (N.d.T.).

Vous pourriez avoir le don de prophétie, la connaissance de tous les mystères ; vous pourriez être capables de violer les secrets de la nature et d'apporter maints éclairages dont les hommes n'ont même pas rêvé ; vous pourriez accéder aux plus hauts degrés universitaires, jusqu'à posséder toute la science, et vous pourriez vous glorifier de vos hautes écoles et de l'extension illimitée de vos diplômes ; mais tout cela sans l'amour ne signifie absolument rien.

Et ce n'est pas tout. Américains, vous pourriez donner vos biens pour nourrir les pauvres, faire des dons substantiels aux œuvres de charité, être de grands philanthropes ; sans l'amour, cela ne signifie rien. Et même livrer votre corps aux flammes, mourir en martyr, répandre votre sang pour qu'il devienne symbole d'honneur pour des générations à venir, être glorifié par des milliers comme un héros de l'histoire, sans l'amour, votre sang aurait été versé en vain. Vous devez comprendre qu'il est possible pour un homme de se centrer uniquement sur soi tout en croyant se renier lui-même, et de s'autojustifier dans son propre sacrifice. La générosité peut nourrir son ego et la piété gonfler son orgueil. L'homme a la capacité terrible de transformer une haute vertu en vice tragique. Sans amour, la bienfaisance devient culte de soi et le martyre orgueil spirituel.

Ainsi la plus grande de toutes les vertus, c'est l'amour. C'est ici que nous découvrons la véritable signification de la foi chrétienne, c'est à l'origine le sens de la croix. L'événement du Calvaire signifie bien plus qu'un fait insensé au cœur de l'histoire. C'est un télescope permettant de plonger le regard dans l'éternité et de voir l'amour de Dieu faisant irruption dans le temps. C'est un rappel constant à une génération ivre de pouvoir que l'amour est la force la plus durable dans ce monde, et qu'elle est à la genèse du battement de cœur du cosmos moral. Ce n'est qu'en accomplissant un tel amour que vous serez admis à l'examen en vue de l'obtention de la vie éternelle.

Je dois à présent vous quitter. J'espère que cette lettre vous trouvera forts dans la foi. Je n'arriverai probablement pas à vous voir en Amérique, mais je vous rencontrerai dans l'éternité de Dieu. Et maintenant à Lui qui peut nous garder de toute chute et nous faire passer de l'épuisement du désespoir à l'entrain de l'espérance, de la nuit du découragement à l'aube de la joie, à Lui soient la puissance et l'autorité, pour les siècles des siècles [1]. Amen.

1. *Cf.* Jude 24 (N.d.T.).

3

Aimer vos ennemis

Introduction du pasteur Dr Joan Brown Campbell [1]

En janvier dernier, Jessica, ma petite-fille âgée de six ans, est rentrée tout excitée de l'école en disant à ma fille Jane, sa maman, que c'était l'anniversaire de Martin Luther King. Les yeux grand ouverts, elle déclara qu'elle voulait étudier ce héros. Jane dit à l'enfant : « Je peux t'y aider. Ta grand-maman a connu Martin Luther King. » Avec une pointe d'incrédulité, Jessica répondit : « Non ! Il fait partie de l'histoire. » C'est vrai... Une génération entière de jeunes gens ne connaît King qu'à travers les pages d'un livre d'histoire.

Mais ceux d'entre nous qui connurent King – ceux d'entre nous qui marchèrent à ses côtés et s'assirent à ses pieds –, nous avons des choses à raconter, et il continue à vivre à travers nos récits. Nos vies transformées continuent à rendre témoignage à son pouvoir d'aimer. Martin Luther King avait des ennemis.

1. Le pasteur Dr Joan Brown Campbell, secrétaire générale depuis 1991 du Conseil national des Églises, est à cet égard tout autant une responsable spirituelle qu'un officier exécutif dirigeant une organisation œcuménique d'importance nationale. Sous sa conduite, le Conseil œuvre plus intensément pour l'unité chrétienne et pour la justice et la paix aux États-Unis et dans le monde. Elle est la première femme ministre à servir à cette haute fonction.

Ils étaient riches et puissants, noirs et blancs, hommes et femmes, mais ils étaient aussi apeurés, ils avaient une vision courte et avaient épousé le statu quo. Les ennemis de King voulaient réduire au silence sa voix prophétique. Ils désespéraient de tempérer son ardeur à marcher. Ceux d'entre nous qui croyaient en King et qui avaient été transformés par son message voulaient qu'il en découse avec « l'ennemi ». Ils étaient dangereux, lui répétions-nous constamment. Ses yeux clairs s'assombrissaient, il fronçait les sourcils pour nous dire : « Un dur traitement n'est pas le moyen de traiter ceux qui sont dangereux. La violence [il nous le rappelait souvent] ne génère que davantage de violence. » De même qu'il déclare dans le sermon qui suit : « Est forte la personne capable de rompre la chaîne de la haine, la chaîne du mal. » C'était le message de King le plus fréquent et le plus difficile. Il répétait souvent les mots que vous trouverez dans ce sermon : « Quelqu'un doit avoir assez de foi et de moralité pour en finir avec la haine et pour injecter au cœur de l'univers cet élément fort et puissant qu'est l'amour. »

J'ai eu le privilège de connaître et de travailler avec Martin Luther King, Jr. De son vivant, son engagement nous a inspirés et il le fait encore. King a constamment prêché l'amour de l'ennemi. Pour cela, on l'emprisonna et le moqua, on l'accusa d'inciter à la violence, même s'il menait une existence à contre-courant, imprégnée de non-violence. Sa personne représentait une menace pour la nation et même pour les Églises. On le considérait comme celui qui avait perturbé l'ordre de la vie préservant privilèges et statuts particuliers. Sa spiritualité radicale interpellait la foi froide et insensible de nombreuses personnes. Il remettait le monde en question et prouva, par sa vie et sa mort, qu'un homme armé de vérité et de courage peut mettre en mouvement une nation. Écoutez ses paroles :

> « Aimez vos ennemis de façon à être les enfants de votre Père qui est aux cieux. Nous devons aimer nos ennemis, car ce n'est qu'en les aimant que nous connaîtrons

Dieu et que nous ferons l'expérience de sa sainteté. Bien sûr, cela peut paraître abstrait. La vie est affaire d'acquisition, quitte à rendre coup pour coup, elle est affaire de loups qui s'entre-dévorent. Suis-je en train de dire que Jésus nous commande d'aimer ceux qui nous blessent et nous oppriment ? Mon discours ressemble-t-il à celui de la majorité des prédicateurs, idéalistes et non concrets ? Mes amis, nous avons trop longtemps suivi la prétendue manière de faire pratique, et cela ne nous a menés qu'à davantage de confusion et de chaos. Pour le salut de notre nation et de l'humanité, nous devons opter pour une autre façon d'agir. La seule capable de créer la communauté bien-aimée. »

Aussi, chère Jessica, viens-en à connaître ce héros. Sois attentive à ses paroles, car son message recèle des leçons de vie susceptibles de t'accompagner jour après jour.

Aimer vos ennemis [1]

Ainsi je désire attirer votre attention sur ce sujet « Aimer vos ennemis ». La grande idée de l'amour, la grande philosophie de l'amour me semble fondamentale et fait partie de mon orientation philosophique et théologique. Au chapitre 5 de l'Évangile de Matthieu, nous lisons ces mots saisissants qui coulent des lèvres de notre Seigneur et Maître : « Vous avez appris qu'il a été dit : "Tu aimeras ton prochain et tu haïras ton ennemi." Et moi je vous dis : "Aimez vos ennemis et priez pour ceux qui vous persécutent, afin d'être vraiment les fils de votre Père qui est au cieux [2]." »

Ce sont sans aucun doute de très belles paroles, aux dimensions universelles. À travers les siècles, de nombreux commentateurs ont précisé qu'il s'agissait là d'un commandement extrêmement difficile. Certains sont allés si loin dans l'argumentation qu'il paraît impossible de s'aventurer vers quelque pratique concrète de ce commandement. Ils vont même jusqu'à ajouter

1. Sermon prêché à Montgomery (Alabama), en l'église Dexter Avenue Baptist Church, le 17 novembre 1957.

2. Matthieu 5, 43s (N.d.T.).

que c'est une preuve supplémentaire de ce que Jésus était un idéaliste manquant d'esprit pratique, et qui n'avait pas les pieds sur terre. Ainsi, les arguments abondent. Mais loin d'être un idéaliste manquant d'esprit pratique, Jésus est devenu le réaliste pratique. À nos yeux, les paroles de ce texte brillent avec une nouvelle urgence. Loin d'être l'injonction pieuse d'un rêveur utopique, ce commandement est une nécessité absolue pour la survie de notre civilisation. Oui, c'est l'amour qui sauvera notre monde et notre civilisation, et l'amour même des ennemis.

Laissez-moi préciser tout de suite que Jésus était très sérieux lorsqu'il édicta ce commandement ; il ne plaisantait pas. Il savait qu'il était difficile d'aimer nos ennemis. Il savait qu'il était difficile d'aimer ceux qui disent du mal de vous. Il savait que c'était douloureux, extrêmement douloureux. Mais il ne plaisantait pas. Et nous ne pouvons écarter ce passage comme un nouvel exemple d'hyperbole orientale, comme une sorte d'exagération pour convaincre. C'est une philosophie au fondement de tout ce que nous entendons et qui tombe des lèvres de notre Maître. Car Jésus ne plaisantait pas ; il était sérieux. Il en va de notre responsabilité chrétienne et morale de chercher à comprendre le sens de ces paroles, jusqu'à découvrir comment transmettre ce commandement, et pourquoi nous devrions en vivre.

Tout d'abord, traitons la question, qui est une question pratique : comment aimer vos ennemis ? Je pense que le premier jalon est le suivant : pour aimer vos ennemis, vous devez commencer par vous analyser vous-même. Cela vous étonne sûrement que ce matin, je commence par vous dire que vous aimez vos ennemis si vous vous reconsidérez vous-mêmes. Il me semble que c'est une première étape dans le processus qui mène à l'amour des ennemis.

Bien sûr, je suis conscient qu'il y a des gens qui ne vous apprécient pas, non parce que vous leur avez fait quelque chose, mais simplement ils ne vous apprécient pas. J'en suis conscient. Certains n'aiment pas la façon dont vous marchez, d'autres celle dont vous parlez. Certains n'aiment pas que vous accomplissiez votre travail mieux qu'eux. Certains ne vous apprécieront pas parce que d'autres vous apprécient, parce que vous êtes populaire. Parce que vous êtes aimable, ils ne vous apprécieront pas. Ou parce que vous avez des cheveux plus courts que les leurs ou un peu plus longs. Ce sera encore parce que vous avez une peau plus claire que la leur, ou plus foncée. C'est ainsi que certaines personnes ne vous apprécieront pas. Ils ne vous aimeront pas, non parce que vous leur aurez causé du tort, mais par jalousie ou toute autre réaction courante dans la nature humaine.

Mais après avoir été attentifs à cela, après l'avoir admis, il nous faut comprendre qu'un individu peut ne pas nous apprécier en raison de quelque cause passée ; certains scientifiques estiment que nous possédons quelque chose que nous avons commis il y a très longtemps et que nous avons oublié ; mais ce quelque chose génère la réponse haineuse d'un individu. C'est pourquoi commencez par vous-mêmes. Il pourrait y avoir en vous un élément qui fait naître la réponse haineuse de l'autre.

C'est vrai de notre combat international. Examinons la lutte idéologique qui oppose le communisme et la démocratie, et nous voyons la lutte que mènent l'Amérique et la Russie. Bien sûr nous ne soutenons pas la façon de vivre des Russes, la façon communiste de vivre, car le communisme se fonde sur un relativisme éthique et un matérialisme métaphysique que le chrétien ne peut accepter. À regarder les méthodes du communisme, une philosophie pour laquelle, d'une manière ou d'une autre, la fin justifie les moyens, nous ne pouvons l'accepter car, en tant que chrétiens, nous croyons que la fin s'annonce dans les moyens. Toutefois, en dépit de toutes les faiblesses et des maux inhérents au communisme, nous devons aussi considérer celles et ceux de la démocratie.

La démocratie est à mes yeux la plus grande forme de gouvernement que l'homme ait conçue, mais le point faible est que nous ne l'avons jamais atteinte. N'est-il pas vrai que nous avons souvent pris aux masses ce dont elles avaient besoin, pour permettre à certaines classes de vivre dans le luxe ? N'est-il pas vrai que dans notre démocratie nous avons souvent piétiné les individus et les races avec les sabots de fer de l'oppression ? N'est-il pas vrai qu'au travers des puissances occidentales nous avons fait perdurer le colonialisme et l'impérialisme ? Tout cela doit être pris en considération lorsque nous étudions la Russie. Nous devons prendre en compte le fait que le profond mécontentement de l'Asie et de l'Afrique traduit au départ un mouvement de révolte contre l'impérialisme et le colonialisme que la civilisation occidentale perpétue depuis des années. Le succès du communisme dans le monde d'aujourd'hui s'explique par l'incapacité de la démocratie à atteindre ses nobles principes et idéaux.

Or, c'est précisément ce que Jésus signifie en disant : « Comment peux-tu voir la paille qui est dans l'œil de ton frère et ne pas voir la poutre qui est dans le tien [1] ? » Ou, pour reprendre la traduction de Moffatt [2] : « Comment peux-tu voir l'esquille dans l'œil de ton frère et ne pas voir la planche dans le tien ? » Et c'est l'une des tragédies de la nature humaine. C'est donc en nous considérant nous-mêmes que nous commençons à aimer nos ennemis et ceux qui nous haïssent dans notre existence communautaire ou personnelle.

En second lieu, nous devons chercher à aimer notre ennemi en recherchant ce qui est bon en lui. Chaque fois que vous commencez à haïr quelqu'un, à éprouver de la haine à l'égard d'autrui, souvenez-vous qu'il y a en lui des bons côtés et soyez-y attentif pour contrebalancer ses aspects négatifs.

Je vous l'ai dit à plusieurs reprises, chacun de nous souffre de schizophrénie. Nous nous sommes séparés et divisés nous-mêmes. Il se déroule comme une guerre civile à l'intérieur de nous-mêmes, une âme analogue à un Sud récalcitrant se révoltant contre le Nord. Et le combat est constant à l'intérieur même de la structure de l'individu. Quelque chose en nous nous fait nous lamenter avec Ovide, le poète latin : « Je vois le bien et

---

1. Matthieu 7, 3 (N.d.T.).
2. James Moffatt (1870-1944), exégète écossais, auteur d'une célèbre traduction de la Bible en langue anglaise (N.d.T.).

je l'approuve, et c'est au mal que je me laisse entraîner [1]. » Quelque chose en nous nous fait dire, avec Platon, que la personnalité humaine est semblable à un attelage composé de deux chevaux puissants, tirant chacun dans une direction opposée [2]. Quelque chose en nous nous permet d'affirmer avec Goethe : « Il y a en moi de quoi faire tout à la fois un honnête homme et un voyou. » Quelque chose en nous nous fait confesser avec l'apôtre Paul : « Je vois et approuve le bien, mais c'est le mal que j'accomplis [3]. »

Cela indique que l'« être » de notre nature n'est pas en harmonie avec le « devrait être » éternel qui nous met constamment au défi. Cela signifie simplement ceci : il y a du mauvais à l'intérieur du meilleur d'entre nous, et du bon dans le pire d'entre nous. Une fois que nous l'avons découvert, notre attitude change à l'égard des individus. Il y a donc du bon dans la personne qui vous hait le plus intensément, il en est de même dans la nation – et dans la race – qui vous hait le plus. Et lorsque vous regardez un homme jusqu'à discerner en lui ce que la religion appelle « l'image de Dieu », vous commencez à l'aimer, en dépit de ses actes, vous commencez à discerner l'image de Dieu en lui. Il y a chez lui un élément de bonté dont il ne peut se débarrasser. Découvrez cet élément de bien en votre ennemi. Alors que vous cherchez à le haïr, découvrez ce centre de la bonté et fixez-y votre attention jusqu'à développer à son endroit une attitude nouvelle.

Une autre façon d'aimer votre ennemi est la suivante : lorsque se présente l'occasion de lui infliger une défaite, c'est le moment de ne pas le faire. Viendra un temps, à maints égards, où celui qui vous hait le plus, qui abuse le plus de vous, qui dit le plus de mal de vous, qui répand sur vous des rumeurs mensongères, viendra un temps où se présentera l'occasion de

1. Ovide (43 av. J.C.-17 ou 18), poète latin. La citation est extraite des *Métamorphoses*, livre VII, traduction, introduction et notes de Joseph Chamonard, Garnier-Flammarion, Paris, 1966, p. 177 (N.d.T.).

2. *Cf.* Platon, *Phèdre*, XXV, trad. E. Chambry, Paris, Garnier-Flammarion, 1964, p. 125 (N.d.T.).

3. Romains 7, 15 (N.d.T.).

lui infliger une défaite, pour une recommandation professionnelle ou une aide pour une évolution de carrière. C'est le moment d'agir pour le bien, tel est le sens de l'amour. En dernière analyse, l'amour n'est pas cet élément sentimental dont nous parlons, cette simple émotion. L'amour est une bonne volonté créatrice, compréhensive à l'égard de tous. Il est le refus de dominer quiconque. Parvenu au niveau de l'amour, de sa beauté et de son pouvoir, vous ne cherchez plus qu'à combattre les mauvais systèmes. Quant aux individus, qui peut-être sont pris dans un tel système, vous les aimez, tout en cherchant à vaincre ce système.

Le grec, comme je l'ai souvent dit, est une langue très forte à ce sujet. Il nous aide magnifiquement en précisant le sens et la profondeur de toute la philosophie de l'amour. Et, à mes yeux, il est approprié et très intéressant, voyez-vous, que le grec possède trois mots pour désigner l'amour. Le premier terme est *erôs*, qui désigne une sorte d'amour esthétique auquel Platon consacre de longs développements dans ses dialogues, désir de l'âme pour le bien. Et il nous est parvenu comme une forme d'amour romantique, bien que très beau. Chacun l'a expérimenté dans toute sa beauté dans l'attraction qu'il ressent à l'égard d'un individu pour lequel il déborde d'amour. C'est que l'*erôs*, voyez-vous, est un amour puissant, magnifique, dont parle abondamment la littérature ; nous en avons entendu parler.

Le grec emploie également le terme *philia*, qui désigne un autre type d'amour, très beau lui aussi. C'est une sorte d'affection intime entre des amis proches. Le genre d'amour que vous éprouvez pour vos amis, vos proches amis, ou les gens à qui vous téléphonez pour les inviter à dîner, votre camarade de chambrée au lycée, ce genre de choses. C'est une sorte d'amour réciproque. À ce niveau, vous appréciez quelqu'un qui vous apprécie, vous aimez quelqu'un qui vous le rend bien. À ce niveau, vous aimez parce qu'il y a quelque chose en l'autre qui vous paraît aimable. C'est un bel amour. Il permet la communication, d'avoir certaines choses en commun, de partager des activités. C'est *philia*.

Le grec emploie encore un autre mot, *agapè*. *Agapè* est plus qu'*erôs* et plus que *philia* ; dans l'*agapè* il y a une bonne volonté pour tous les hommes, compréhensive, créatrice, rédemptrice. C'est un amour qui n'attend rien en retour. Un amour débordant, que les théologiens appelleraient l'amour de Dieu travaillant au cœur des hommes. Atteindre ce niveau permet d'aimer les hommes, non en raison de leur caractère aimable, mais parce que Dieu les aime. Voir tout homme et l'aimer parce que Dieu l'aime. Même si c'est la pire personne que vous ayez connue.

Et c'est, je pense, ce dont Jésus parle dans ce passage lorsqu'il dit : « Aimez vos ennemis. » Il est significatif qu'il ne dise pas : « Appréciez vos ennemis. » *Apprécier* est un terme sentimental, une affection. Il y a beaucoup de gens que j'ai du mal à apprécier, car ce qu'ils me font me déplaît, ou ce qu'ils disent de moi, etc. Je n'aime pas leurs attitudes, leurs actes. Je ne les apprécie pas. Mais Jésus dit : « Aimez-les. » Et l'*amour* dépasse l'*appréciation*. L'*amour* est bonne volonté compréhensive, rédemptrice pour tous les hommes, qui permet de les aimer tous, car Dieu les aime tous. Vous refusez de faire quoi que ce soit qui infligerait une défaite à autrui, car l'*agapè* habite votre âme. Vous en venez à aimer celui qui agit mal tout en haïssant ses mauvaises actions. C'est ce dont Jésus parle dans ce passage lorsqu'il dit : « Aimez vos ennemis. » C'est la manière de faire. Lorsque l'occasion se présente d'infliger une défaite à autrui, vous ne devez pas le faire.

Maintenant, pour les quelques instants qui nous restent, passons du niveau pratique à la question théorique du pourquoi. Il est non seulement nécessaire de savoir comment aimer nos ennemis, mais aussi de voir pourquoi nous devons le faire. J'estime que la première raison qui nous commande d'aimer nos ennemis – et je crois qu'elle était au centre de la pensée de Jésus – est celle-ci : la haine pour la haine ne fait qu'intensifier l'existence de la haine et du mal au sein de l'univers. Si je vous frappe et que vous me frappiez, et que je vous frappe en retour et que vous répliquiez, et ainsi de suite, cela se poursuit indéfiniment. [*Il tape sur la chaire.*] Cela n'en finit pas. Or, quelque part, quelqu'un doit avoir un peu de bon sens, et c'est la personne forte, c'est-à-dire celle qui est capable de rompre cette chaîne de haine, de mal. Car c'est ce qu'il y a de tragique dans la haine : elle ne se rompt pas. Elle ne fait que s'intensifier au sein de l'univers. Quelqu'un doit avoir assez de foi pour rompre la chaîne et injecter au cœur de l'univers cet élément fort et puissant qu'est l'amour.

Je crois avoir déjà raconté que, il y a quelque temps, mon frère et moi, nous nous rendions en voiture d'Atlanta à Chattanooga dans le Tennessee. C'est lui qui conduisait. Et cette nuit-là les conducteurs étaient très désobligeants. Ils ne baissaient pas leurs phares, en tout cas rarement un conducteur le faisait. Et, je m'en souviens très précisément, mon frère A.D. lança un regard agacé et dit : « Je sais ce que je vais faire. Le prochain véhicule que je croise et qui refuse de diminuer l'intensité de ses phares, je ferai pareil et j'augmenterai même l'intensité des miens. » Immédiatement, je me tournai vers lui en disant : « Oh ! non, ne fais pas ça. La lumière serait trop forte sur cette route nationale, ce qui nous conduirait à nous détruire mutuellement. Quelqu'un doit avoir un peu de bon sens sur une telle route. »

Quelqu'un doit faire preuve de bon sens pour diminuer son éclairage, et c'est bien le problème, n'est-ce pas ? C'est comme si toutes les civilisations du monde circulaient sur les grandes routes de l'histoire et, constatant que les autres refusent de diminuer l'intensité de leurs phares, refusaient à leur tour d'en faire autant. Et Toynbee [1] note que, sur vingt-deux civilisations, seules sept d'entre elles n'ont pas fini dans le dépotoir de la destruction, parce qu'elles ont eu assez de bon sens pour baisser leurs phares. Or, si quelqu'un manque de bon sens pour allumer en ce monde les lumières de l'amour, belles et fortes mais faibles en intensité lumineuse, notre civilisation tout entière sera plongée dans l'abîme de la destruction. Et cela se produira

1. Arnold Toynbee (1889-1957), historien anglais (N.d.T.).

parce que personne n'aura fait preuve de bon sens sur les grandes routes de l'histoire. Quelqu'un, quelque part, doit en faire preuve. Les hommes doivent comprendre que la force engendre la force, la haine la haine, la brutalité la brutalité. C'est une spirale descendante, menant, à terme, à la destruction de tout et de chacun. Quelqu'un doit faire preuve de suffisamment de moralité pour rompre au sein de l'univers cette chaîne de haine et de mal. Et cela, l'amour en est capable.

Vous devriez aimer vos ennemis pour une autre raison encore, à savoir que la haine pervertit la personnalité de celui qui hait. Nous songeons habituellement à ce que la haine fait à autrui, individu ou groupe. Mais le drame, c'est que la ruine et le préjudice sont encore plus grands pour celui qui hait. Vous commencez juste par haïr quelqu'un, et cela vous conduit à des comportements irrationnels. Impossible en haïssant de voir clair, de marcher droit, de bien se tenir. Votre vision est faussée. Il n'y a rien de plus tragique que de voir un individu, le cœur saturé de haine. Il en arrive à un stade pathologique. Une telle personne peut se lever, voir quelqu'un de très beau et le qualifier d'horrible. Pour une telle personne, le beau devient laid et le laid, superbe ; le bien devient mal et le mal, bien. La haine produit cela. Impossible d'y voir clair. Le sens de l'objectivité est perdu. La haine détruit la structure interne de la personnalité de celui qui hait. Et c'est pourquoi Jésus dit que la haine [cause du mal à soi]... [1]

[...] La plus sûre façon de protéger son intégrité, c'est de faire face à toute situation avec amour. Jamais de haine, car elle entraîne toujours des réponses tragiques et névrosées. Psychologues et psychiatres nous révèlent que plus nous haïssons, plus nous développons des sentiments de culpabilité et commençons à contenir inconsciemment ou à réprimer consciemment certaines émotions, que conserve notre subconscient, générant des réponses tragiques et névrosées. Et

1. L'enregistrement est ici interrompu.

n'est-ce pas cela qui est à l'origine des névroses de nombre d'individus quand ils affrontent la vie, dont l'une des caractéristiques est la haine ? La psychologie contemporaine nous appelle à l'amour. Mais, bien avant elle, vint le meilleur psychologue du monde, celui qui parcourait les collines de Galilée en parlant d'amour : « Aimez vos ennemis ; ne haïssez personne. » Il ne suffit pas de haïr vos ennemis et d'aimer vos amis – car la haine pour quiconque détruit en son cœur votre réponse créatrice à la vie et l'univers ; aussi, aimez chacun. La haine est un cancer qui s'attaque aux points centraux de la vie et de l'existence. C'est un acide qui corrode ce qu'il y a de meilleur et de plus objectif dans votre vie. C'est pourquoi Jésus dit : « Aimez », car la haine détruit celui qui hait tout autant que celui qui est haï.

Cependant, à mes yeux, il y a une dernière raison pour laquelle Jésus a dit : « Aimez vos ennemis. » C'est que l'amour possède en lui un pouvoir rédempteur, susceptible de transformer les individus. C'est pourquoi Jésus dit : « Aimez vos ennemis. » En effet, si vous les haïssez, vous vous trouvez dans l'incapacité de les convertir et de les transformer. Mais si vous les aimez, vous découvrirez qu'à la racine de l'amour réside un pouvoir de rédemption. Vous pouvez aimer les gens et continuer à les aimer, même s'ils vous font du mal. Prenez, par exemple, un voisin qui commet quelque faute à votre égard, continuez à vous comporter aimablement à son endroit. Continuez à aimer ce genre de gens, ne faites rien pour les embarrasser. Continuez à les aimer et ils ne le supporteront pas longtemps. Oh, au début, ils réagissent de diverses façons, avec amertume, car cela les rend fous que vous les aimiez ainsi. Ils réagissent avec des sentiments de culpabilité, au point parfois de vous haïr plus encore, mais continuez simplement à les aimer. Et, par le pouvoir de votre amour, ils craqueront sous le poids. C'est l'amour, voyez-vous. Il est rédempteur – c'est pourquoi Jésus dit : « Aimez » –, en lui réside quelque chose de constructif et de créateur. Dans la haine il y a quelque chose qui déchire et détruit. Aussi, aimez vos ennemis.

Je pense à un très bon exemple à ce sujet. Nous nous souvenons tous du grand président des États-Unis, Abraham Lincoln. Vous vous rappelez que, alors qu'il faisait campagne pour la présidence des États-Unis, il y avait un homme qui parcourait le pays en parlant de lui. Il répandait beaucoup de calomnies et de méchancetés à son sujet. Au point de parler de son physique et de dire : « Vous ne voulez pas d'un homme grand, maigre et ignorant pour président des États-Unis. » Il continuait à parler ainsi, allant même jusqu'à le publier. Finalement, un jour, Abraham Lincoln fut élu président des États-Unis. Et si vous lisez la grande biographie de Lincoln, les grandes œuvres qui le concernent, vous trouverez que, comme pour tout président, vint le moment où il lui fallut former son cabinet, choisir le secrétaire à la Guerre. Après avoir fait le tour du pays, il décida de choisir un homme du nom de Stanton. Et lorsque Abraham Lincoln dit cela à ses collaborateurs, ceux-ci répliquèrent : « Monsieur Lincoln, êtes-vous devenu fou ? Savez-vous ce que M. Stanton a dit sur vous ? Ce qu'il a fait, tenté de vous faire ? De vous vaincre par tous les moyens ? Savez-vous cela, Monsieur Lincoln ? Avez-vous lu toutes les horreurs qu'il a débitées à votre sujet ? » Abraham Lincoln déclara alors à ses conseillers : « Oh oui, je sais cela, je l'ai lu et aussi entendu moi-même. Mais après avoir fait le tour de la nation, j'estime qu'il est le meilleur pour ce poste. »

M. Stanton devint secrétaire à la Guerre ; et... plus tard, Lincoln fut assassiné. Et si vous allez à Washington, vous verrez que l'une des plus belles paroles ou déclarations prononcées au sujet d'Abraham Lincoln est le fait de M. Stanton. Alors qu'Abraham Lincoln venait de mourir, Stanton se leva pour dire : « Il appartient désormais à l'histoire. » Et il poursuivit par une magnifique déclaration sur le caractère et la stature de cet homme. Si Abraham Lincoln avait haï Stanton, s'il avait répondu à tout ce qu'avait déclaré Stanton, il ne l'aurait pas transformé et converti, et Lincoln serait allé dans sa tombe en haïssant Stanton. Mais, par le pouvoir de l'amour, Abraham Lincoln fut capable de convertir Stanton.

C'est ainsi. Un pouvoir existe que notre monde n'a pas encore découvert. Jésus l'avait découvert il y a des siècles. Le Mahatma Gandhi en Inde le découvrit il y a quelques années, mais la plupart des hommes et des femmes passent à côté. Ils croient qu'il faut rendre coup pour coup, œil pour œil et dent pour dent ; ils croient à la haine pour la haine ; mais Jésus est venu nous dire : « Ce n'est pas la bonne manière de faire. »

Et, ce matin, alors que je songe au fait que notre monde change – notre monde fait face à une révolution, notre nation fait face à une révolution, oui, notre nation –, une des choses qui me concernent le plus, c'est que, au milieu de cette révolution mondiale et nationale, nous découvrions le sens des paroles de Jésus.

Malheureusement, l'histoire fait de certains hommes des opprimés, et d'autres, des oppresseurs. Et il y a trois manières pour les opprimés de faire face à leur oppression. L'une d'elles consiste à se dresser face aux oppresseurs en usant de violence physique et de haine corrosive. Mais ce n'est pas la bonne façon d'agir. Car le danger et la faiblesse de cette méthode sont sa futilité. La violence génère davantage de problèmes sociaux qu'elle n'en résout. Et je l'ai déjà répété de nombreuses fois : si les peuples de couleur qui luttent dans le monde pour leur liberté, et en particulier les Noirs, succombent à la tentation d'user de violence dans leur lutte, les générations à venir récolteront une longue nuit désolée, remplie d'amertume, et nous léguerons aux générations futures le règne éternel d'un chaos insensé. La violence n'est pas la bonne méthode.

Une autre démarche consiste à acquiescer et à subir, à se résigner à l'oppression. Certains peuples se comportent ainsi. Ils découvrent des obstacles dans le désert avant d'entrer en Terre promise, au point qu'ils préféreraient retourner en arrière et retrouver les despotes égyptiens, tant il est difficile de pénétrer en Terre promise [1]. Aussi se résignent-ils à subir l'oppres-

1. Allusion à l'attitude du peuple d'Israël au désert, une fois sorti d'Égypte ; *cf.* Exode 17, 3, Nombres 11, 5 (N.d.T.).

sion, et en viennent-ils à l'accepter. Mais ce n'est pas non plus une bonne manière de faire, car la non-coopération avec le mal est autant une obligation morale que la coopération avec le bien.

Il existe une autre façon de faire. Celle qui consiste à organiser une résistance non violente de masse, fondée sur le principe de l'amour. Cela me paraît être la seule voie possible pour l'avenir. En cherchant tout au long des années et des générations, développons ce point et allons dans la bonne direction pour découvrir le pouvoir de l'amour, ce pouvoir rédempteur. Si nous y parvenons, nous serons capables de transformer ce vieux monde en un monde nouveau, de rendre les hommes meilleurs. L'amour est la seule façon d'agir. Jésus l'a montré.

Il n'est pas le seul, de grands militaires l'ont découvert. Un jour, Napoléon touchait à la fin de son règne et regardait en arrière – le grand Napoléon qui très tôt avait presque conquis le monde. On ne l'arrêta pas avant les batailles de Leipzig, puis de Waterloo. Mais Napoléon considéra un jour le passé et déclara : « Alexandre, César, Charlemagne et moi avons édifié de grands empires. Mais sur quoi reposaient-ils ? Sur la force. Il y a bien longtemps Jésus commença à édifier un empire sur l'amour, et aujourd'hui encore des millions de personnes sont prêtes à mourir pour lui. »

Oui, je peux voir Jésus parcourant les collines et les vallées de Palestine, considérant l'Empire romain avec toute sa machine militaire compliquée et fascinante. Mais, au milieu de cela, je l'entends prononcer ces mots : « Je n'userai pas de cette méthode. Et je ne haïrai pas l'Empire romain. » [... [1]]

Et je suis fier de me tenir ce matin ici à Dexter et de déclarer que cette armée est en marche. Elle était constituée au départ d'un groupe de onze ou douze hommes, elle en compte plus de sept cents millions aujourd'hui. Le pouvoir et l'influence

1. L'enregistrement est ici interrompu.

du Christ ont pu diviser l'histoire en un avant et un après Jésus Christ. En raison de ce pouvoir, les chaînes des portes de l'Empire romain ont pu être rompues. Et tout autour du monde, on peut entendre ce matin l'écho joyeux de ce chœur céleste [1] :

> Jésus régnera partout où le soleil
> Quotidiennement voyage ;
> Son royaume s'étendra de plage en plage
> Tant que la lune croîtra et décroîtra.

Nous pouvons entendre un autre chœur chanter :

> Tous acclamèrent le pouvoir du nom de Jésus.

Et un autre encore :

> Alleluia ! Alleluia !
> Il est le Roi des rois,
> le Seigneur des seigneurs !
> Alleluia ! Alleluia !

Et encore un autre :

> Il n'est en Christ ni Est ni Ouest
> En Lui ni Nord ni Sud
> Mais une grande fraternité d'amour
> Sur toute la vaste terre [2].

L'amour est le seul moyen. Et notre civilisation doit le découvrir. Ainsi que chaque individu dans ses relations aux autres. Il y a un petit arbre, planté sur une petite colline, auquel est crucifié le personnage le plus influent du monde. Aussi ne croyez jamais qu'un tel arbre est un événement dénué de sens sur les scènes de l'histoire. Oh non, c'est un télescope qui nous permet d'avoir une vue panoramique de l'éternité, jusqu'à dis-

---

1. Il s'agit des paroles d'un hymne du compositeur américain Isaac Watts (1674-1748) (N.d.T.).

2. Extrait de « No East no West », *Selected Poems of John Oxenham* [romancier et poète anglais, 1852-1941], édité par Charles L. Wallis (N.d.T.).

cerner l'amour de Dieu s'immisçant dans le temps. C'est, pour une génération ivre de pouvoir, un élément éternel de mémoire quant à la force de l'amour. C'est, pour une génération issue de l'énergie nucléaire et atomique et de la violence physique, un rappel éternel que l'amour est le seul pouvoir créateur et rédempteur, capable de transformer l'univers.

C'est pourquoi ce matin, alors que je scrute vos yeux et ceux de tous mes frères en Alabama et tout autour du monde, je vous le répète : « Je vous aime et préférerai mourir plutôt que de vous haïr. » Je suis assez fou pour croire que par cet amour, quelque part, les hommes les plus récalcitrants seront transformés. Et qu'ensuite apparaîtra le Royaume de Dieu. Nous pourrons alors nous inscrire à l'Université de la vie éternelle, vu notre capacité à aimer nos ennemis, à bénir ceux qui nous maudissent, à être bons même envers ceux qui nous haïssent et à prier pour ceux qui abusent méchamment de nous.

Ô Dieu, aide-nous dans nos vies et dans notre comportement à découvrir cette force de contrôle qu'est l'amour, ce pouvoir de contrôle susceptible de résoudre tous les problèmes auxquels nous sommes partout confrontés. Nous parlons de politique, de problèmes défiant notre civilisation de l'atome. Accorde aux hommes de s'unir pour découvrir ce message et résoudre la crise et les problèmes – problèmes internationaux, d'énergie atomique, d'énergie nucléaire et, oui, problèmes raciaux –, unissons-nous en une grande communion d'amour et agenouillons-nous aux pieds de Jésus. Accorde-nous cette volonté forte. C'est au nom et dans l'esprit de ce Christ que nous te prions. Amen.

4

Minuit,
quelqu'un frappe à la porte

Introduction du pasteur Dr Otis Moss Jr [1]

Il me semble providentiel d'avoir été invité à commenter le merveilleux sermon du Dr King, « Minuit, quelqu'un frappe à la porte », dont il prêcha une version en juin 1967, en l'église baptiste du Mont-Zion à Cincinnati, dans l'Ohio, où je servais alors comme pasteur. C'était à l'occasion de notre jour consacré aux hommes et aux femmes. Onze mois auparavant, à Atlanta en Géorgie, le Dr King avait officié à mon mariage avec Edwina sur le campus du College Morehouse en compagnie du regretté Dr Samuel Williams, ancien enseignant et mentor du Dr King et, pour moi, mon professeur principal et mentor.

Je dois aussi préciser que nous avions organisé en juin 1967 un service radiodiffusé localement, sur WCIN. Les preneurs de

---

1. Le Dr Otis Moss Jr, pasteur depuis trente-deux ans de l'église baptiste Olivet Institutional dans l'Ohio, est président du conseil d'administration du Morehouse College et président honoraire de l'opération PUSH. Il eut l'honneur d'être déclaré « Homme de l'année » en religion par l'hebdomadaire *Time* et il reçut nombre de récompenses en matière de droits civiques ; la revue *Ebony* retint en outre à deux reprises son nom comme l'un des meilleurs prédicateurs américains. Collègue et proche ami du Dr Martin Luther King, le Dr Moss exerça son activité dans le Mouvement en faveur des droits civiques en tant qu'organisateur et manifestant.

son et employés de la maison de radio enregistrèrent illégalement le sermon, en firent des disques qu'ils vendirent dans le pays. À compter de ce jour, je n'ai plus jamais entendu parler de ces messieurs.

Ce sermon, « Minuit, quelqu'un frappe à la porte », traite du rôle prophétique de l'Église face aux problèmes et aux défis contemporains.

Le Dr King, avec acuité et sensibilité, proclama éloquemment qu'une situation difficile, tant au plan social qu'au plan humain, défiait notre nation et le monde en 1967. Il usait de son intelligence et de sa spiritualité pour dévoiler les apports de la science et de la technologie et leurs limites à répondre aux besoins humains. En conséquence, disait-il, il est « minuit au cœur de l'ordre social ».

Il est minuit au cœur de la vie intérieure de l'humanité. « Il est également minuit au cœur de l'ordre moral. »

À cette heure désespérée de notre lutte pour trouver le sens, la libération et le salut, des appels persistants se font entendre à la porte de l'Église. Appels qui réclament le pain de la foi, de l'amour et de la paix. La bonne question est dès lors la suivante : L'Église nourrira-t-elle le voyageur en manque ?

Le Dr King trouve un message d'espérance à partir du texte de Luc 11, versets 5 et 6. Jeunes, adultes, oubliés, rejetés, haïs, exploités, recherchent « tous quelque pain pour s'en tirer ». Trop souvent, l'Église est sourde face à de « tels coups qui frappent à minuit ». Au lieu d'être un instrument de paix axé sur le Christ, la trompette de la justice, l'Église a trop souvent collaboré avec la guerre et l'injustice. Plutôt que de servir de « conscience » à l'État, l'Église s'y est asservie à plusieurs reprises. Ceux qui recherchent le pain de la justice économique sont souvent déçus lorsqu'ils frappent à la porte de l'Église.

Ceux qui frappent à minuit « recherchent réellement l'aube », quelques-uns l'aube du pardon. Beaucoup attendent de l'Église qu'elle « proclame le Fils de Dieu, Jésus Christ, espérance des hommes (et des femmes) dans tous leurs problèmes complexes, personnels et sociaux ». L'Église doit être la trompette de l'aube dans toute crise de minuit.

En conclusion, le Dr King nous a offert une illustration incontestable de la façon dont l'aube survient lorsque, en novembre 1956, la protestation à l'encontre des autobus de Montgomery traversa une nuit très menaçante et décourageante, notamment le 12 novembre, lorsque le boycott semblait voué à l'échec. Mais le 13 la victoire survint, éclatante sur le plan moral, légal et historique.

Ce sermon fut prêché pour la première fois dix ans environ avant sa venue dans notre église en juin 1967. Bien que prononcé il y a plus de quarante ans, il reste d'actualité ; il est encore riche, puissant et susceptible de soutenir, de guérir, de redonner espoir et de submerger de sens. Il représente une application tout à la fois temporelle et intemporelle des vérités bibliques incarnées dans le ministère de Jésus.

Évoquant la lutte de Montgomery, le Dr King déclare : « L'heure la plus sombre de notre combat devint notre première heure de victoire. » De cette foi, nous devons tirer des forces pour faire face aujourd'hui aux actions négatives, à la Proposition 209 [1], aux décisions de la Cour suprême retirant ou réduisant le droit de vote. C'est vraiment « un coup frappé à minuit » que nous entendons lors des fermetures d'usines, des constructions de prisons, des abandons en matière d'éducation, des crises affectant les soins de santé, des décisions du Congrès conservateur, de la ré-émergence de droits des États, des actes de haine de milices aveuglées par la peur, des bains de sang au Moyen-Orient, des bouleversements en Europe, des famines et de l'exil en Afrique, de la persécution en Chine, de la corruption en Russie. De l'usage des drogues et de la violence chez soi. Nous devons puiser de la force dans la vision du Dr King. Il est minuit, mais l'aube point.

---

1. Proposition votée en 1996 par référendum, par les électeurs de l'État de Californie, et qui abroge l'*affirmative action*, c'est-à-dire la règle officielle qui favorise l'accès aux universités et à la fonction publique des minorités ethniques et des femmes (N.d.T.).

À tout âge, quelle que soit l'année, « à minuit, quelqu'un frappe à la porte ». Nous pouvons et devons répondre. L'Église doit répondre et offrir la manne pour combattre notre faim.

Minuit, quelqu'un frappe à la porte [1]

« Si l'un de vous a un ami et qu'il aille le trouver au milieu de la nuit pour lui dire : "Mon ami, prête-moi trois pains parce qu'un de mes amis m'est arrivé de voyage et je n'ai rien à lui offrir"... » (Luc 11, 5s).

Bien que cette parabole concerne la puissance de la prière persévérante, elle peut aussi servir de base à notre réflexion sur nombre de problèmes actuels et la façon dont l'Église y est confrontée. Il est minuit dans la parabole ; il est minuit aussi dans notre monde et les ténèbres sont si épaisses que nous pouvons à peine discerner notre chemin.

Il est minuit dans l'ordre social. Sur le plan international, les nations sont engagées dans une lutte colossale et rude pour la suprématie. Deux guerres mondiales ont eu lieu en l'espace d'une génération et les nuages annonciateurs d'une autre guerre sont dangereusement proches. L'homme dispose maintenant d'armes atomiques et nucléaires qui, en quelques secondes,

1. Cette prédication a été publiée dans *La force d'aimer*. La traduction de Jean Bruls (Paris, Casterman, 1964, p. 74-87) a été ici légèrement retouchée (N.d.T.).

peuvent détruire totalement les plus grandes cités du monde. La course aux armements se poursuit et les expériences nucléaires continuent dans l'atmosphère, au risque inquiétant de voir l'air même que nous respirons empoisonné par les retombées radioactives. Ces circonstances et ces armes conduiront-elles à l'anéantissement de l'espèce humaine ?

Confrontés à minuit dans l'ordre social, nous nous sommes dans le passé tournés vers la science. Ce n'était pas étonnant ! En tant d'occasions la science nous a sauvés ! Quand nous nous trouvions dans la nuit de la faiblesse physique et de l'inconfort matériel, la science nous a portés jusqu'au clair matin du confort physique et matériel. Quand nous étions dans la nuit paralysante de l'ignorance et de la superstition, la science nous a conduits vers l'aube de la liberté et de l'ouverture d'esprit. Quand nous étions dans la nuit des fléaux et des maladies redoutables, la science, par la chirurgie, l'hygiène et les remèdes miracles, a fait se lever le jour lumineux de la santé physique, prolongeant ainsi nos vies et nous procurant une sécurité accrue et le bien-être physique. Il est tout naturel que nous nous tournions vers la science au moment où les problèmes du monde sont si affreux et sinistres.

Mais, hélas ! la science ne peut nous secourir, car l'homme de science lui-même est perdu dans la nuit terrible de notre époque. En fait, c'est la science qui nous a fourni les instruments mêmes qui menacent de conduire au suicide universel. L'homme moderne est donc confronté dans l'ordre social à une nuit lugubre et effrayante.

Cette nuit dans la vie collective et extérieure de l'homme est semblable à la nuit qui règne dans sa vie individuelle et intérieure. Il est minuit dans l'ordre psychologique. Partout des craintes paralysantes torturent les gens le jour et les hantent la nuit. De lourds nuages d'anxiété et de dépression sont suspendus dans notre ciel mental. Les troubles émotifs sont aujourd'hui plus fréquents qu'à nulle autre époque de l'histoire humaine. Les salles de psychopathie de nos hôpitaux sont bondées et les psychologues les plus courus sont actuellement les psychanalystes. Les *best-sellers* en psychologie sont des livres comme *L'homme contre lui-même*, *La personnalité neurotique de notre époque* et *L'homme moderne à la recherche d'une âme*. Les *best-sellers* en religion s'appellent *La paix de l'esprit* [1] et *La paix de l'âme*. Les prédicateurs à la mode prononcent des sermons apaisants sur des thèmes du genre « Comment être heureux » ou « Comment se relaxer ». Certains ont été tentés de réviser le commandement de Jésus et de le lire : « Allez dans le monde entier, maintenez basse votre pression sanguine et je ferai de vous des personnalités bien adaptées. » Tout cela nous indique qu'il est minuit dans la vie intérieure des hommes et des femmes.

Il est aussi minuit dans l'ordre moral. Au milieu de la nuit, les couleurs perdent leurs caractéristiques et se fondent en une ombre d'un gris terne. Les principes moraux ont perdu leurs caractéristiques. Pour l'homme moderne, l'absolument bon et l'absolument mauvais dépendent de ce que fait la majorité. Bien et mal sont relatifs aux goûts et aux répugnances, aux habitudes d'une communauté déterminée. Inconsciemment, nous avons appliqué au domaine moral la théorie de la relativité d'Einstein, conçue pour décrire le monde physique.

Minuit, c'est l'heure où l'homme cherche désespérément à observer le onzième commandement : « Tu ne te laisseras pas prendre. » Selon la morale de minuit, le péché cardinal est d'être pris et la vertu cardinale est d'échapper. Mentir est parfaitement correct, mais il faut mentir avec une vraie finesse. Voler est parfaitement correct, si celui qui vole est assez honorable pour que, s'il est pris, on parle d'abus de confiance et non de vol. Il est même permis de haïr, si l'on peut déguiser sa haine sous les vêtements de l'amour assez habilement pour que celle-ci paraisse être amour. Le concept darwinien de la survie du plus adapté a été remplacé par une philosophie de la survie du plus malin. Cette mentalité a provoqué une chute

1. Ouvrage du rabbin Joshua Leibman, prédicateur juif populaire à la radio (N.d.T.).

tragique des normes morales et la nuit de la dégénérescence morale s'épaissit.

Dans notre monde actuel comme dans la parabole, l'obscurité profonde de la nuit est troublée par un coup frappé à la porte. Des millions de gens frappent à la porte de l'Église. Dans ce pays, le registre des fidèles n'a jamais été aussi volumineux. Plus de cent quinze millions de personnes sont des « membres inscrits » de quelque Église ou synagogue. C'est un accroissement de 100 % depuis 1929, alors que la population n'a augmenté que de 31 %.

Les visiteurs en Russie soviétique, dont la politique officielle est athée, rapportent que non seulement les églises sont combles mais l'assistance ne cesse de grandir. Dans un article du *New York Times*, Harrison Salisbury signale le trouble des officiels communistes devant l'intérêt croissant manifesté par tant de jeunes Soviétiques pour l'Église et la religion. Après quarante ans d'efforts acharnés pour supprimer la religion, la hiérarchie du parti communiste se trouve confrontée à l'inévitable réalité de millions de gens qui frappent à la porte de l'Église.

Il ne faudrait pas exagérer l'importance de cet accroissement numérique. Il ne faut pas succomber à la tentation de confondre puissance spirituelle et importance numérique. Ce que quelqu'un a appelé le « jumboïsme » est une mesure très fallacieuse de la force positive. Un accroissement en quantité ne donne pas automatiquement un accroissement en qualité. Une communauté plus importante ne représente pas nécessairement un engagement accru envers le Christ. C'est presque toujours une minorité, créatrice et engagée, qui a rendu le monde meilleur. Mais si une croissance numérique des effectifs ne reflète pas nécessairement un accroissement parallèle de l'engagement moral, il n'en est pas moins vrai que des millions d'hommes pensent que l'Église fournit une réponse au bouleversement profond qui trouble leur vie. L'Église reste le seul repère familier pour le voyageur fatigué qui arrive à minuit. Elle est la seule maison qui reste debout là où elle fut toujours, la maison où le voyageur de minuit vient ou refuse de venir. Certains décident de n'y point venir. Mais tous ceux qui y viennent et frappent à la porte cherchent désespérément un peu de pain dont ils manquent.

Le voyageur demande trois pains. Il désire le pain de la foi. Dans une génération marquée par tant de désillusions colossales, les hommes ont perdu la foi en Dieu, la foi en l'homme, la foi dans l'avenir. Beaucoup éprouvent ce qu'exprimait en 1801 William Wilberforce [1] : « Je n'ose me marier... l'avenir est trop incertain » ; ou William Pitt [2] en 1806 : « Il n'y a guère autour de nous que ruine et désespoir. » Au sein de leur désillusion troublante, beaucoup réclament le pain de la foi.

Il y a aussi un désir profond du pain de l'espérance. Dans les premières années du siècle, peu d'hommes avaient faim de ce pain. L'époque des premiers téléphones, des premières automobiles, des premiers avions, leur donnait un optimisme radieux. Ils adoraient au temple de l'inévitable progrès. Ils croyaient que chaque réalisation scientifique nouvelle haussait l'homme à un niveau supérieur de perfection. Mais alors une série de développements tragiques, révélant l'égoïsme et la corruption de l'homme, montrèrent la vérité de ce dicton de lord Acton : « Le pouvoir tend à corrompre et le pouvoir absolu corrompt absolument [3]. » Cette découverte terrible provoqua la chute d'optimisme la plus formidable de l'histoire. Pour d'innombrables gens, jeunes et vieux, la lumière de l'espoir s'éteignit et ils se mirent à errer avec lassitude dans le sombre domaine du pessimisme. Beaucoup en conclurent que la vie n'a pas de sens. Certains partagèrent l'avis du philosophe Schopenhauer, pour lequel la vie est une souffrance sans fin qui s'achève dans la souffrance, une tragi-comédie toujours rejouée avec de légers changements de costumes et de mise en scène. D'autres s'écrièrent avec Macbeth, le personnage de Shakespeare, que la vie « est une histoire dite par un idiot, pleine de

1. William Wilberforce (1759-1833), homme d'État anglais, célèbre pour ses campagnes contre l'esclavage (N.d.T.).

2. William Pitt (1759-1806), homme politique anglais (N.d.T.).

3. *Essais sur la liberté et le pouvoir*, 1948 (N.d.T.).

fracas et de furie, et qui ne signifie rien [1] ». Et pourtant, même dans les moments inévitables où tout paraît désespéré, les hommes savent que sans espoir ils ne peuvent pas réellement vivre et, dans un acharnement douloureux, ils réclament le pain de l'espérance.

Enfin, il y a le désir ardent du pain de l'amour. Chacun souhaite aimer et être aimé. Celui qui ne se sent pas aimé a l'impression de ne pas compter. Beaucoup de choses sont survenues dans le monde moderne, qui donnent à l'homme le sentiment de n'être pas concerné. La vie dans un monde devenu impersonnel de façon opprimante donne à beaucoup d'entre nous l'impression que nous ne sommes guère que des numéros. Ralph Borsodi, dans une peinture saisissante d'un monde où les numéros ont remplacé les personnes, écrit que la mère moderne porte souvent le matricule 8434 et son enfant, quand on a pris ses empreintes digitales, devient le 8003, tandis que des funérailles dans une grande ville se réduisent à une réunion au local B avec des fleurs et tentures de catégorie B, où l'office est conduit par le prédicateur nº 14 et où le musicien nº 84 interprète le morceau nº 174. Effrayé par cette tendance à réduire sa personne à une fiche dans un grand catalogue, l'homme réclame désespérément le pain de l'amour.

Ayant frappé à la porte de son ami et demandé trois pains, l'homme de la parabole reçoit une réponse impatiente : « Ne m'importune pas ; la porte est déjà fermée, mes enfants et moi sommes au lit ; je ne puis me lever pour te donner du pain. » Que de fois les hommes ont éprouvé un désappointement semblable lorsque à minuit ils ont frappé à la porte de l'Église. Des millions d'Africains, frappant patiemment à la porte de l'Église chrétienne pour obtenir le pain de la justice sociale, ont été totalement ignorés ou se sont entendu répondre que cela viendrait plus tard, ce qui presque toujours signifie jamais. Des millions de Noirs américains, affamés du pain de la liberté, ont

1. William Shakespeare, *La tragédie de Macbeth*, acte V, scène v, in W. Shakespeare, *Les tragédies,* trad. Pierre Messiaen, Paris, DDB, 1960, t. I, p. 637 (N.d.T.).

frappé à coups répétés à la porte des Églises dites blanches, mais ils ont d'ordinaire été accueillis par une froide indifférence ou une hypocrisie évidente. Même les chefs religieux blancs qui ont un désir profond d'ouvrir les portes et de distribuer le pain, se montrent souvent plus prudents que courageux et enclins à choisir la voie de l'expédient plutôt que celle de la morale. L'une des tragédies les plus honteuses de l'histoire est que l'institution qui précisément devrait retirer l'homme de la nuit de la ségrégation raciale contribue à créer et à perpétuer les ténèbres.

Dans la nuit terrible de la guerre, des hommes ont frappé à la porte de l'Église pour demander le pain de la paix, mais l'Église les a souvent déçus. Qu'y a-t-il de plus pathétiquement révélateur de l'inefficacité de l'Église dans les problèmes du monde actuel que son témoignage au sujet de la guerre ? Dans un monde rendu fou par la propagande belliqueuse, les passions chauvines et l'exploitation impérialiste, l'Église a approuvé ces activités ou a gardé un silence consternant. Au cours des deux dernières guerres mondiales, les Églises nationales sont allées jusqu'à servir de laquais complaisants aux États, aspergeant d'eau bénite les navires de guerre et rejoignant les forces armées en chantant : « Louez le Seigneur... et passez les munitions. » Un monde épuisé, plaidant désespérément pour la paix, a souvent trouvé une Église accordant à la guerre son soutien moral.

Et ceux qui sont allés vers l'Église pour y chercher le pain de la justice économique ont été laissés dans la nuit décevante du dénuement. En de nombreux cas, l'Église s'est alignée sur les classes privilégiées et a pris la défense du statu quo, de telle manière que cela revenait à refuser de répondre au coup frappé à la porte à minuit. L'Église orthodoxe en Russie s'était rendue complice du statu quo et liée de façon si inextricable au régime despotique des tsars qu'il était devenu impossible de se débarrasser du régime politique et social corrompu sans se débarrasser en même temps de l'Église. Tel est le sort de toute organisation ecclésiastique qui s'allie aux choses telles qu'elles sont.

L'Église doit se souvenir qu'elle ne domine ni ne sert l'État, mais qu'elle en est la conscience. Elle doit en être le guide et le critique, jamais l'instrument. Si elle ne retrouve pas son ardeur prophétique, elle deviendra un club social inutile, sans autorité morale ou spirituelle. Si elle ne participe pas activement à la lutte pour la paix et la justice économique et raciale, elle trahira la fidélité de millions d'hommes et les poussera partout à dire qu'elle a laissé s'atrophier sa volonté. Mais si elle se libère des chaînes d'un statu quo mortel et que, retrouvant sa grande mission historique, elle parle et agit avec courage et persévérance en termes de justice et de paix, elle enflammera l'imagination de l'humanité et embrasera les âmes des hommes, leur inculquant un amour ardent pour la vérité, la justice et la paix. Proches ou lointains, les hommes reconnaîtront dans l'Église une grande fraternité d'amour, qui procure lumière et paix aux voyageurs solitaires au milieu de la nuit.

Puisque j'ai évoqué le relâchement de l'Église, je ne dois pas négliger le fait que l'Église soi-disant noire a, elle aussi, abandonné au milieu de la nuit les hommes désappointés. Je dis « Église soi-disant noire » parce qu'idéalement il ne peut y avoir d'Église ni noire ni blanche. C'est pour leur honte éternelle que des chrétiens blancs ont élaboré à l'intérieur de l'Église un système de ségrégation raciale et traité les fidèles noirs de façon si indigne qu'ils ont dû organiser leurs propres communautés.

Deux types d'Églises noires ont failli à leur mission de procurer le pain. L'un est brûlant d'émotivité, l'autre gelé par la stratification sociale. Le premier, réduisant le culte au divertissement, attribue au volume plus d'importance qu'au contenu et confond spiritualité avec musculature. Le danger dans une Église de ce genre est que ses membres peuvent avoir plus de religion dans leurs mains et leurs pieds que dans leurs cœurs et leurs âmes. Au milieu de la nuit, ce type d'Église n'a ni la vitalité nécessaire ni l'Évangile adéquat pour nourrir les âmes affamées.

L'autre type d'Église noire, incapable de nourrir le voyageur nocturne, a développé un système de classes et tire sa gloire de sa dignité, du niveau social de ses membres et de son exclusivisme. Dans une telle Église, le culte est froid et privé de sens, la musique terne et sans souffle, et le sermon n'est guère plus qu'un discours sur les événements courants. Si le pasteur parle trop de Jésus Christ, les fidèles estiment qu'il compromet la dignité de la chaire. Si la chorale interprète un negro-spiritual, les fidèles y voient une insulte à leur rang social. Ce type d'Église oublie que le culte le meilleur est une expérience sociale où des gens de tous niveaux de vie se rassemblent pour affirmer leur unité en Dieu. Mais à minuit les hommes sont complètement ignorés en raison de leur peu d'éducation, ou alors le pain qu'on leur donne est durci par une conscience de classe maladive.

Dans la parabole, nous remarquons que, après sa déception initiale, l'homme continue à frapper à la porte de son ami. Par son importunité – sa persévérance –, il persuade enfin son ami d'ouvrir la porte. Beaucoup d'hommes continuent à frapper à minuit à la porte de l'Église, même après avoir été amèrement déçus par elle, parce qu'ils savent que le pain de vie s'y trouve. L'Église doit aujourd'hui relever le défi consistant à proclamer que le Fils de Dieu, Jésus Christ, est l'espérance des hommes dans tous leurs problèmes personnels et sociaux si complexes. Beaucoup continueront à venir pour chercher des solutions à leurs problèmes de vie. De nombreux jeunes gens qui frappent à la porte sont perplexes devant les incertitudes de la vie, troublés par des déceptions quotidiennes, déçus par les ambiguïtés de l'histoire. Certains d'entre eux ont été enlevés de leurs écoles ou de leurs carrières et jetés dans le rôle de soldats ; nous devons leur fournir le pain frais de l'espérance et allumer en eux la conviction que Dieu a le pouvoir de tirer le bien du mal. D'autres arrivent torturés par le remords causé par leur voyage dans les ténèbres du relativisme moral et leur sujétion à la doctrine de l'affirmation de soi ; il nous faut les conduire au Christ qui leur offrira le pain frais du pardon. D'autres encore, tourmentés par leur crainte de la mort au soir de la vie, frappent à la porte ; nous devons leur fournir le pain de la foi en l'immortalité, afin qu'ils comprennent que cette vie terrestre n'est qu'un prélude à une nouvelle existence.

Minuit, c'est une heure éprouvante, où il est difficile de garder sa foi. Ce que l'Église peut dire de plus réconfortant, c'est qu'aucune nuit ne dure longtemps. Le voyageur, épuisé par la nuit et réclamant du pain, désire en réalité l'aurore. Notre message éternel d'espérance est que l'aurore viendra. Nos ancêtres esclaves le savaient bien. Jamais ils n'oubliaient la nuit, car toujours sa réalité leur était rappelée par le fouet de cuir brut du surveillant et par les ventes à l'encan qui séparaient les familles. Lorsqu'ils pensaient aux ténèbres épaisses de cette nuit, ils chantaient :

> Personne ne sait l'chagrin que j'ai eu,
> Ah, ah, Alléluia !
> Tantôt j'suis haut, tantôt j'suis bas,
> Ben oui, Seigneur,
> Tantôt j'ai d'la boue plein l'museau,
> Ben oui, Seigneur.
> Personne ne sait l'chagrin que j'ai eu,
> Ah, ah, Alléluia [1] !

Plongés dans une nuit épuisante, mais convaincus de la venue du matin, ils chantaient :

> J'suis si heureux, les ennuis n'durent pas éternellement,
> Oh mon Seigneur, oh mon Seigneur, que ferai-je [2] ?

Leur croyance positive en une aurore était le germe de l'espérance qui maintenait la foi des esclaves au milieu des circonstances les plus déprimantes et les plus tragiques.

La foi en l'aurore naît de la foi en la bonté et la justice de Dieu. Celui qui croit cela sait que les contradictions de la vie

---

1. *Oh, Nobody Knows the Trouble I've Seen,* negro-spiritual, traduit par Marguerite Yourcenar, in *Fleuve profond, sombre rivière*, Paris, NRF/Gallimard, 1966, p. 158.

2. *I'm so Glad Trouble don't Last Always*, negro-spiritual (N.d.T.)

ne sont ni finales ni définitives. Il peut traverser la nuit noire avec la conviction radieuse que toutes choses concourent au bien de ceux qui aiment Dieu [1]. Même les nuits les plus privées d'étoiles peuvent annoncer l'aube de quelque grand exploit.

Au début du boycott des autobus à Montgomery en Alabama, nous avions organisé avec des volontaires un système de transport par voitures pour conduire les gens à leur travail et les en ramener. Pendant onze longs mois, ce dispositif fonctionna étonnamment bien. Gayle, le maire, donna alors au département juridique de la ville instruction de mettre en branle les dispositions qui paraîtraient aptes à mettre fin au système de transport par voitures ou à tout système issu du boycott des autobus. Une audience fut fixée au mardi 13 novembre 1956.

À notre réunion publique hebdomadaire, prévue pour le soir précédant l'audience, j'eus la responsabilité d'avertir les gens que le système de transport serait probablement interdit. Je savais qu'ils avaient volontairement accepté de souffrir pendant près de onze mois, mais pouvais-je leur demander maintenant d'aller à pied ? Et sinon, serions-nous forcés d'admettre l'échec de notre protestation ? Pour la première fois, je tremblais de paraître devant eux.

Lorsque vint le soir, je rassemblai assez de courage pour leur exposer la vérité. J'essayai cependant de conclure sur une note d'espoir. « Durant tous ces mois, leur dis-je, nous avons agi en croyant hardiment que Dieu est avec nous dans notre lutte. Les multiples expériences des jours passés ont justifié cette foi de façon merveilleuse. Ce soir, nous devons croire qu'une voie s'ouvrira là où il n'y en a pas. » Mais je pus sentir le vent froid du pessimisme passer sur l'auditoire. La lumière de l'espoir était sur le point de s'éteindre et le flambeau de la foi vacillait.

Quelques heures plus tard, devant le juge Carter, la ville soutint que nous dirigions sans autorisation une « entreprise privée ». Nos avocats firent brillamment valoir que la mise à

---

1. *Cf.* Romains 8, 28 (N.d.T.).

disposition de voitures était un plan d'entraide volontaire organisé comme service gratuit par les Églises noires. Il fut cependant vite évident que le juge Carter rendrait son jugement en faveur de la ville.

À midi, durant une brève interruption, je remarquai une agitation inhabituelle dans la salle du tribunal. On appela le maire Gayle dans l'arrière-salle. Plusieurs journalistes entraient et sortaient de cette salle avec excitation. Soudain l'un d'eux vint vers la table où, en ma qualité d'inculpé principal, j'étais assis avec les avocats. « Voici la décision que vous attendiez, me dit-il. Lisez cette mise en liberté. »

Plein d'anxiété et d'espoir, je lus ces mots : « À l'unanimité, la Cour suprême des États-Unis a aujourd'hui déclaré inconstitutionnelle la ségrégation dans les autobus de Montgomery en Alabama. » Mon cœur bondit, dans une joie inexprimable. L'heure la plus sombre de notre lutte était devenue la première heure de la victoire. Du fond du tribunal, quelqu'un s'écria : « Le Dieu tout-puissant a parlé de Washington ! »

L'aube viendra. Désappointement, tristesse et désespoir sont nés à minuit, mais le matin vient ensuite. « Le soir arrivent les pleurs, dit le psalmiste, et le matin l'allégresse [1]. » Cette foi disperse les assemblées de désespérés et apporte une lumière nouvelle dans les sombres recoins du pessimisme.

1. Psaume 30, 5 (N.d.T.).

5

Le rêve américain

Introduction de l'évêque T.D. Jakes Sr [1]

Sous plusieurs angles, il m'apparaît que notre pays a fléchi la tête sur le doux coussin de satin de l'apathie. Nous nous sommes endormis dans la poursuite vaine des images de succès économiques, bercés par l'indifférence et la quiétude, alors qu'à un jet de pierre des enfants meurent dans les rues. Membres de cette génération, nous nous demandons comment des hommes peuvent dormir alors que des peuples meurent, que des enfants crèvent de faim et que des communautés implosent. Peut-être a-t-il été bon pour les hommes de dormir. Peut-être le sommeil est-il le seul moment où préjudice et injustice, indifférence et apathie s'éloignent en définitive assez pour permettre à la conscience de parler et à la voix de Dieu d'être entendue.

---

1. L'évêque T.D. Jakes Sr a fondé la Maison Potter à Dallas, où il est actuellement pasteur. Il dirige un programme de télévision intitulé *Soyez prêts* et diffusé à l'échelon national sur Trinity Broadcasting Network (TBN) et sur Black Entertainment Television (BET). Il est l'auteur de quatorze ouvrages, dont *La récolte* et *Supportez-vous d'être bénis ?*

« Le rêve américain » est beaucoup plus qu'un sermon. C'est un message – non, c'est un cri d'alarme. C'est une trompette soufflant dans Sion. C'est la voix perçante du cœur d'un peuple brisé dont la foi ne sera pas niée. Au cours de la lecture de ces pages, il serait injuste de penser que ce que vous êtes en train de lire est le simple détour d'un esprit doué, qui a relevé le défi d'une prestation homilétique. Toute vérité est entrelacée de petits sons dérangeants, servant à troubler l'indifférent et à enflammer l'esprit docile et endormi des gens qui choisissent de détourner la tête alors que d'autres meurent. Dans sa formidable présentation, le Dr Martin Luther King Jr fait allusion au jour de l'Indépendance, et sa façon d'en parler m'oblige à conclure qu'en réalité l'indépendance n'est pas un jour, mais un voyage. Un voyage dont le but après toutes ces années est toujours devant nous, néanmoins je pressens que nous sommes plus proches du matin que nous ne l'avons jamais été.

David, le psalmiste, affirme que le soir arrivent les pleurs, le matin l'allégresse [1]. Cela a été une longue nuit. Beaucoup ont été victimes des périls de notre temps. Certains gisent drogués, abusés par une génération décadente qui a cru trouver son soleil dans les narcotiques. Beaucoup ont été déçus. Comme les enfants, ils ferment les yeux et font le mort, prétendant ne pas voir ce que le monde entier ne peut nier. La vérité, totale et simple, claire et profonde, est imprimée de façon indélébile sur ces pages : tous les hommes – quels que soient la couleur de leur peau, leurs convictions théologiques ou leur niveau d'intelligence – ont été créés du même sang par le Dieu unique, désignés et appelés à vivre sur la terre bras dessus, bras dessous, égaux quoique différents.

Les grands événements bibliques qui ont transformé des générations et marqué les cœurs des hommes d'une façon indélébile apparaissent souvent au sein d'un environnement sauvage et décadent. On dit de Jean le Baptiste qu'il était une voix criant dans le désert. Il représente pour nous l'extraordinaire

1. *Cf.* Psaume 30, 5 (N.d.T.).

force de tout peuple qui a le privilège d'entendre une voix venant du ciel.

Chaque grande révolution, qu'elle soit issue des pages de la Bible ou du *New York Times*, apparaît sous les auspices d'un homme aux puissantes paroles. Mon esprit donne autant d'écho aux fiers sermons d'Élie, dont la voix seule en appelle au feu céleste, qu'à ceux de Frederick Douglass [1], dont le regard et le discours de chef généraient le courage dans le cœur des hommes qui avaient été écrasés sous le poids de leur situation. Je me souviens de la voix courageuse d'Esther qui fit face au roi avec une force qui ne peut être accordée que par le Roi des rois [2]. Je songe à la voix forte et spirituelle de Rosa Parks [3], devenue symbole matriarcal d'un peuple courageux, riche de conviction et porté par Dieu. C'est après cette tradition magnifique de voix fortes que notre nation trembla en entendant l'espace d'un instant un homme dont la voix portait plus loin que les micros. Le Dr Martin Luther King Jr ouvrit une ère nouvelle et mit fin aux vieux concepts de domination et d'injustice.

Maintenant, il est bon pour nous d'entendre le son mélodieux de cette voix qui nous revient *via* les manuscrits d'un homme capable de dépasser son temps et de marquer des générations. Les seuls aperçus de lui sont les images des livres d'histoire dans les écoles montrant qu'il combattit pour nous. Réfléchissant à sa mémoire, nous ne résistons pas à la tentation de mesurer le chemin parcouru et celui qu'il nous reste à parcourir. Grâce soit rendue à Dieu pour ces gens de toutes couleurs et classes qui ont transformé son monologue en dialogue, son solo en concerto harmonieux joué par tous les individus éclairés

1. Frederick Douglass (1817-1895), orateur et journaliste noir américain. Né esclave, il devint l'un des plus ardents avocats de l'émancipation et du droit de vote pour les Noirs auprès du président Abraham Lincoln. Son autobiographie est disponible en français : F. Douglass, *Mémoires d'un esclave américain*, Paris, Maspero, 1980 (N.d.T.).

2. *Cf.* Esther 8, 5-6 (N.d.T.).

3. Rosa Parks, couturière noire qui, le 1er décembre 1955, refusa de céder sa place à un Blanc dans un autobus de Montgomery en Alabama. Son geste précipita le fameux boycott de ces transports urbains (N.d.T.).

ayant reconnu qu'« il est grand temps pour nous de sortir de notre torpeur ».

Aussi soyons attentifs à ce rêveur, et plus encore à ce rêve. Ce n'était pas uniquement le sien, mais celui des pages jaunies de la Constitution. C'était un rêve de Dieu pour les hommes qui, en ces jours sombres, avaient eu le bonheur d'être intérieurement capables de percevoir le dessein divin. Le rêve américain peut être un rêve nocturne, mais il doit être vécu à la lumière du jour. Dès lors, lisez et rejoignez-moi, vous tous qui me ressemblez. Notre similitude n'a rien à voir avec la théologie ou nos origines ethniques. Elle remonte à la création du premier être humain, fait à l'image et à la ressemblance de Dieu. Elle accorde à tous nos prédécesseurs le droit de rechercher la liberté, de jouir de l'égalité et d'adorer avec ferveur un Dieu qui offre à chacun le don de la vie et le souffle de l'air frais. Ce n'est pas dans l'esprit de la race noire, c'est dans l'esprit de la race humaine que nous déclarons à cette nation : « Amérique, la nuit a été longue mais, enfin, voici le matin ! »

Le rêve américain [1]

Je prévoyais de baser notre réflexion sur ce passage du livre de Job où l'on voit Satan interroger Dieu : « Est-ce pour rien que Job te sert [2] ? » Et j'aimerais vous demander de m'autoriser à reporter et à prêcher ce sermon [intitulé « Pourquoi servir Dieu ? »] une prochaine fois où j'occuperai cette chaire, afin de partager avec vous d'autres idées. Ce matin, en route pour l'aéroport de Washington, D.C., je passai devant le monument de Jefferson [3], et le pasteur Andrew Young, mon principal assistant, me dit : « C'est une coïncidence de passer devant ce bâtiment le jour de l'Indépendance. » Vous pouvez être tellement occupés que vous en oubliez les fêtes et autres jours, et le fait qu'on était le 4 juillet m'avait échappé. Je lui répondis : « C'est une coïncidence significative, et je pense qu'une fois à Atlanta et en chaire j'essaierai de prêcher un sermon dans l'esprit des Pères fondateurs de notre nation et de celui de la

1. Sermon prêché en l'église baptiste d'Ebenezer à Atlanta, le 4 juillet 1965.
2. Job 1, 9 (N.d.T.).
3. Monument dédié à la mémoire de Thomas Jefferson (1743-1826), troisième président des États-Unis (N.d.T.).

Déclaration d'indépendance. » C'est pourquoi, ce matin, j'aimerais prêcher sur le sujet intitulé « Le rêve américain ». (*Oui, M'sieur*)

Je ne tiens pas à faire long pour dégager la substance de ce rêve, nichée dans ces mots puissants de la déclaration d'Indépendance aux dimensions universelles : « Nous tenons comme des vérités évidentes par elles-mêmes que tous les hommes naissent égaux, qu'ils ont reçu de [leur] Créateur certains droits inaliénables, parmi lesquels sont la vie, la liberté et la recherche du bonheur. » C'est un rêve, un très grand rêve.

Notons que la première expression de ce rêve est empreinte d'un universalisme étonnant. Elle ne parle pas de « quelques hommes », mais de « tous les hommes ». Pas plus qu'elle n'évoque « tous les hommes blancs », mais « tous les hommes », y compris les Noirs. Elle ne dit pas « tous les chrétiens », mais « tous les hommes », y compris les juifs. Elle ne parle pas de « tous les protestants », mais de « tous les hommes », y compris les catholiques. (*Oui, M'sieur*) Elle ne parle pas de « tous les théistes et les croyants », mais de « tous les hommes », incluant humanistes et agnostiques.

Puis le rêve mentionne un autre point qui distingue résolument notre nation et notre forme de gouvernement de tous les systèmes totalitaires dans le monde. Il affirme que chacun possède certains droits fondamentaux qui ne viennent ni ne sont conférés par l'État. Pour découvrir leur origine, il faut écarter l'épais brouillard de l'éternité. Ils sont donnés par Dieu, de sa main. Dans l'histoire mondiale, aucun document socio-politique n'avait auparavant exprimé aussi clairement, avec tant d'éloquence et de profondeur, la dignité et la valeur de la personne humaine. Le rêve américain nous rappelle, et nous devrions y penser de façon nouvelle en ce jour d'Indépendance, que chaque homme se voit confier un héritage de dignité et de valeur.

Cependant, même si les Pères fondateurs de notre nation ont fait un rêve d'une telle magnificence, l'Amérique a acquis une personnalité schizophrène – pour user d'un mot familier aux psychiatres –, tragiquement divisée en elle-même. D'une part, nous avons professé avec fierté les grands principes de la démocratie et, d'autre part, hélas, nous avons mis en pratique des comportements exactement inverses.

Mais aujourd'hui plus que jamais, l'Amérique est mise au défi de réaliser son rêve, tant l'état du monde contemporain ne permet pas à notre nation de s'offrir le luxe d'une démocratie malade. Et le prix que doit payer l'Amérique pour continuer à opprimer le Noir et d'autres groupes minoritaires, c'est sa propre destruction. (*Oui, c'est vrai*) L'heure est tardive. La cloche du destin tinte. Nous devons agir avant qu'il ne soit trop tard.

Aussi est-il magnifique et grandiose de rêver ainsi, d'appartenir à une nation qui porte un tel rêve, qui nous met toujours au défi, nous procure sans cesse un sentiment d'urgence, nous confronte constamment à la terrible réalité des injustices et nous rappelle ainsi notre devoir de manifester la justice, l'amour et la fraternité parce que nous en avons la capacité.

J'aimerais ce matin traiter quelques-uns des défis auxquels est confrontée notre nation, conséquence du rêve américain qu'elle porte. Tout d'abord, je tiens à réaffirmer que, plus que jamais, nous sommes mis au défi de respecter la dignité et la valeur de toute personne humaine. Nous sommes mis au défi de croire véritablement que tous les hommes naissent égaux. Et ne vous méprenez pas. Cela ne signifie pas que tous les hommes naissent égaux en termes de dons innés ou de capacité intellectuelle – ce n'est pas cela. Dans tous les champs de la connaissance humaine il y a des étoiles particulièrement brillantes. (*Oui, M'sieur*) Cela ne veut pas dire que chaque musicien vaut Beethoven ou Haendel, Verdi ou Mozart. Cela ne veut pas dire que chaque physicien peut se comparer à Einstein ou que tout écrivain dans l'histoire égale Eschyle et Euripide, Shakespeare et Chaucer. (*Dis-le clairement*) Cela ne signifie pas que tout philosophe équivaut à Platon, Aristote, Emmanuel Kant et Friedrich Hegel. Pas du tout. Il y a des individus qui excellent et atteignent les sommets du génie dans leurs disciplines et leurs domaines. Ce que cela signifie, c'est que tous les hommes naissent égaux intrinsèquement. (*Oui*)

Les Pères fondateurs, voyez-vous, étaient fortement marqués par la Bible. Le concept d'*imago dei*, ce qui veut dire en latin l'image de Dieu, exprime l'idée que tous les hommes ont en eux quelque chose que Dieu leur a insufflé. Ils n'ont pas une quelconque consubstantialité avec Dieu, mais ils ont tous la capacité d'être en relation avec Dieu. Et cela donne à l'homme son caractère unique, sa valeur, sa dignité. Nous ne devons jamais oublier cela en tant que nation : il n'y a pas de gradation dans l'image de Dieu. Tout homme, du soprano blanc à la voix de basse noire, a autant de valeur sur le clavier divin, précisément parce qu'il est à l'image de Dieu. Un jour nous devrons l'apprendre. (*Oui*) Nous saurons alors que Dieu nous a créés pour vivre fraternellement et pour respecter la dignité et la valeur de tout homme.

C'est pourquoi nous devons combattre la ségrégation de toute notre puissance non violente. (*Oui, M'sieur, dis-le clairement*) La ségrégation est non seulement gênante, mais ce n'est pas ce qui la rend mauvaise ; non seulement insoutenable sociologiquement, mais ce n'est pas ce qui la rend mauvaise ; non seulement discutable politiquement et économiquement, mais ce n'est pas ce qui la rend mauvaise ; finalement, elle est mauvaise et pécheresse pour raison morale. Pour reprendre les mots de Martin Buber, célèbre philosophe juif mort il y a quelques années : « Elle est mauvaise car elle substitue une relation "je-il" à une relation "je-tu", reléguant les personnes à l'état de choses [1]. » C'est vrai. (*Oui, M'sieur*)

Je me souviens d'un jour où Mme King et moi-même étions en Inde, en route vers l'extrême sud du pays, l'État de Kerala et la cité de Trivandrum. Cet après-midi-là, je devais m'exprimer dans une école, que nous appellerions chez nous lycée, fréquentée par de nombreux élèves, enfants d'anciens intouchables. Vous savez qu'il y a en Inde un système de castes – et

1. *Cf.* Martin Buber, *Je et Tu*, Paris, Aubier, 1969 (N.d.T.).

l'Inde a beaucoup fait pour traiter ce problème –, il y a plusieurs castes et chaque individu appartient à l'une d'elles. Mais quelque soixante ou soixante-dix millions de personnes sont considérées comme hors caste, ce sont les intouchables, à qui on interdit certaines actions et notamment de se rendre dans certains lieux réservés aux autres. Ce fut l'un des combats du Mahatma Gandhi – comme sa lutte pour mettre fin au colonialisme –, en finir avec la longue nuit du système des castes et avec les intouchables. Vous vous souvenez que certains de ses longs jeûnes concernaient l'égalité à accorder aux Harijans, comme on appelait les intouchables. Gandhi les appelait les enfants de Dieu et adopta même une intouchable comme sa fille, montrant ainsi personnellement et familialement qu'il se révoltait totalement contre ce système. Je me souviens bien de cet après-midi passé dans cette école. Le directeur me présenta et déclara à la fin de son introduction : « Jeunes gens, j'aimerais vous présenter un intouchable en provenance des États-Unis. » L'espace d'un instant, je fus choqué et fâché qu'on me nomme ainsi. (*Gloire à Dieu*)

Peu après, mon esprit retraversa l'Atlantique et je commençai à penser au fait que, en dépit de ma fatigue après une longue nuit de voyage, je ne pouvais m'arrêter dans la plupart des motels le long des autoroutes ni dans les hôtels des villes du Sud. Je songeai au fait que, quel que soit le temps qu'une vieille femme avait consacré à ses courses, quels que soient sa fatigue et son besoin de manger un hamburger et de boire une tasse de café, là-bas, elle ne pouvait le faire. (*Prêche*) Peu à peu, je réalisai que souvent encore les Noirs devaient se tenir à l'arrière des autobus, même s'il restait des sièges inoccupés. (*Oui, M'sieur*) Peu à peu, je songeai au fait que mes enfants et d'autres encore à venir auraient à fréquenter des écoles marquées par la ségrégation. Je me mis à penser que vingt millions de mes frères et sœurs, vivant parmi une société riche, étaient en train d'étouffer dans une pauvre cage mal aérée. J'y pensai. (*Dis-le clairement*) Ces vingt millions de frères et sœurs occupent toujours, dans les grandes villes de notre pays, des habitations infestées de rats, des logements précaires, ils fréquentent encore des écoles inadaptées dépourvues d'espaces de loisir convenables. Aussi me disais-je : « Oui, je suis un intouchable, comme tout Noir aux États-Unis est un intouchable. » Et c'est le mal de la ségrégation : elle stigmatise celui qui la subit tout autant que l'intouchable dans le système des castes. Nous tenons comme des vérités évidentes par elles-mêmes, si nous voulons être une grande nation, que tous les hommes (*Tous les hommes*) naissent égaux. Les enfants noirs de Dieu ont autant de valeur que ses enfants blancs. (*Oui, M'sieur*) « Nous tenons comme des vérités évidentes par elles-mêmes. » Un jour, nous l'apprendrons.

L'autre jour, Mme King et moi passions dix jours en Jamaïque. J'étais parti pour prononcer un discours d'ouverture des cours à l'Université des Antilles, en Jamaïque. J'aime toujours me rendre sur cette grande île, que je considère comme la plus belle du monde. Le gouvernement nous avait convaincus d'être ses hôtes et de prendre quelques jours de repos parallèlement à cette tournée de conférences. Aussi passâmes-nous quelques jours à visiter l'île. Et je fus constamment frappé par un fait. Vous avez là des gens d'origines très diverses : des Chinois, des Indiens, des Noirs, et aussi des Européens et des gens provenant de très nombreuses nations. Savez-vous qu'ils vivent tous là-bas, avec un seul mot d'ordre : « De tous les peuples, un seul peuple. » Et ils disent : « Ici, en Jamaïque, nous ne sommes pas chinois, (*Dis-le clairement*) nous ne sommes pas japonais, ni indiens, ni noirs, ni anglais, ni canadiens. Mais tous, nous appartenons à la grande famille jamaïcaine. » Un jour, ici en Amérique, j'espère voir cela : nous ne serons qu'une seule et grande famille d'Américains. Non pas d'Américains blancs, ou noirs, ou juifs, ou chrétiens, ou irlandais, ou italiens, ou mexicains, ou portoricains, mais simplement américains. Une grande famille d'Américains.

Et mes amis, je vous le dis ce matin, la raison pour laquelle nous devons résoudre ce problème, ici en Amérique, c'est que Dieu a confié à l'Amérique une mission particulière pour l'humanité et le monde. (*Oui, M'sieur. Dis-le clairement*) Jamais auparavant, dans l'histoire du monde, autant de groupes raciaux, de gens aux origines si diverses n'ont formé une seule nation. Et, d'une certaine manière, si nous sommes incapables de résoudre ce problème en Amérique, le monde ne peut le faire, car l'Amérique représente le monde en miniature, comme le monde est l'Amérique à grande échelle. Et Dieu nous a donné toutes les possibilités. (*Dis-le clairement*) Il nous a situés entre deux océans immenses ; (*Oui, M'sieur*) il nous a permis de vivre avec certaines des plus grandes ressources naturelles. Et il nous a donné un remarquable credo grâce à l'intelligence de nos Pères fondateurs : « Nous tenons comme des vérités évidentes par elles-mêmes que tous les hommes (*Oui, M'sieur*) naissent égaux. »

Et cela ne s'applique pas seulement à la question raciale, mais à la question de classe. Parfois, vous savez, un système de classe peut être tout aussi vicieux et mauvais qu'un système fondé sur l'injustice raciale. (*Oui, M'sieur*) Lorsque nous déclarons : « Nous tenons comme des vérités évidentes par elles-mêmes que tous les hommes naissent égaux », et que nous regardons ce qu'il en est, nous constatons, comme je l'ai si souvent dit, que celui qui n'a pas de diplôme vaut tout autant que le diplômé. Et que l'homme qui n'a fréquenté aucune école vaut tout autant que celui qui y est allé [1]. (*Dis-le clairement ce matin*) Nous construisons notre petit système de classes, et vous savez que quelques Noirs se targuent de leur appartenance à telle classe sociale (*Sûr*) au point de ne pas vouloir être dérangés par d'autres Noirs, et de tenter même de s'en séparer. (*Amen*)

Je me souviens d'un camarade, au temps où j'étais en théologie, à la fin de mes études ; il vint me parler et me dit qu'il voulait inviter sa mère à venir le voir, elle qui avait lutté pour qu'il puisse effectuer de telles études. Il voulait l'inviter mais

---

1. Jeux de mots intraduisibles en français portant respectivement sur des assonances entre « no D. » et « Ph.D. », et « No house » et « Morehouse », célèbre établissement scolaire noir d'Atlanta (N.d.T.).

il me confia : « Tu vois, le problème, c'est que je ne sais pas si elle se sentirait à l'aise dans cette ambiance. Tu vois, elle, elle s'exprime mal, elle ne sait pas trop bien s'habiller, elle vit en milieu rural. » Je lui répondis qu'il était indigne de terminer cette formation. (*Exactement*) Si tu ne peux assumer les connaissances de ta mère, ou celles de tes frères et sœurs, pour peu qu'ils n'aient pas atteint les sommets de l'éducation, tu es alors indigne (*Aie pitié*) de devenir prédicateur.

Oh, je vous le dis ce matin, vous apprenez et découvrez le sens de « l'image de Dieu ». Vous saurez ce que le Nouveau Testament veut dire lorsqu'on y lit : « J'ai révélé cela aux tout-petits et l'ai si souvent caché aux sages [1]. » Et j'en ai beaucoup appris malgré mon jeune âge, non seulement des philosophes étudiés à l'université, ou des théologiens et des psychologues et des historiens, mais si souvent de l'être le plus humble, qui n'avait jamais eu l'occasion d'acquérir quelque éducation mais qui avait quelque chose en son tréfonds. (*Oui*) Parfois la tante Jeanne sur ses genoux était capable de plus de vérité que le philosophe sur la pointe des pieds. (*Oui. Amen*) Et c'est ce que nous affirment ces mots : « Tous les humains sont créés à l'image de Dieu. » Nous devons le croire et le vivre. (*Oui*)

C'est pourquoi nous devons rejoindre les rangs de ceux qui font la guerre à la pauvreté (*Oui, M'sieur*) et croire en la dignité de tout travail. Qu'est-ce qui rend un travail inférieur ? Je suis fatigué de tout ce qui se dit à ce sujet. Ce qui rend un travail inférieur, c'est le fait qu'il est mal payé. (*Oui, M'sieur*) Fournissez du travail à quelqu'un et payez-le de sorte qu'il puisse vivre, éduquer ses enfants, acheter une maison et profiter des commodités nécessaires de la vie. Peu importe alors l'emploi, il est digne.

Je vous parle de ma descente d'avion ce matin ; j'ai vu des hommes dans leurs bleus de travail. (*Oui, M'sieur, chaque fois*) Je les voyais au travail aller et venir, certains sortant pour nous

1. Matthieu 11, 25, et Luc 10, 21-22 (N.d.T.).

apporter les petits déjeuners alors que nous nous rendions à Atlanta. (*Dis-le clairement*) Et je me faisais la réflexion que ces gens qui forment le personnel au sol ont tout autant de valeur que le pilote, car l'avion ne pourrait se déplacer sans ce personnel au sol. (*Amen*) Je vous parle de la femme ou de l'homme de ménage à l'hôpital Hugh Spaulding ou Grady : (*Prêche-le*) ils ont tout autant de valeur que le médecin, (*Oui*) car s'ils n'accomplissent pas leur tâche, des germes circuleront et propageront des maladies. Je vous parle ce matin (*Oui*) de la dignité de tout travail, (*Aie pitié*) lorsque nous rémunérons décemment les gens. Quiconque cuisine ou nettoie chez vous a tout autant de valeur que celui qui y vit. (*Amen*) Et celle que nous appelons une bonne sert Dieu d'une manière remarquable. (*Prêche-le*) Et j'aime les bonnes, les gens ignorés, et je veux qu'ils obtiennent les salaires dont ils ont besoin. Et leur travail ne sera plus considéré comme étant inférieur (*Non, M'sieur*) car vous en discernerez la valeur et la dignité.

Prenons-nous vraiment cela au sérieux ? « Tous les hommes naissent égaux. » (*Amen*) Et cela signifie que chaque homme vivant aujourd'hui dans un taudis (*Prêche*) a autant de valeur que John D. Nelson ou tout autre membre de la famille Rockefeller. Autant de valeur que Henry Ford. Tous les hommes naissent égaux, et ont reçu de leur Créateur certains droits inaliénables que personne ne peut leur retirer. [*Applaudissements*] Descendez leur dire (*Non*) : « Vous pouvez prendre ma vie, mais non mon droit de vivre. Ma liberté, mais non mon droit à la liberté. Mon désir, ma propension à rechercher le bonheur, mais non mon droit à le rechercher. » (*Oui*) « Nous tenons comme des vérités évidentes par elles-mêmes que tous les hommes naissent égaux et qu'ils ont reçu de leur Créateur certains droits inaliénables, dont la vie, la liberté et la recherche du bonheur. » (*Oui, M'sieur*)

Maintenant il y a une autre chose que nous ne devons pas oublier. Si nous voulons faire du rêve américain une réalité, (*Oui*) nous sommes mis au défi de nous mettre au travail pour nous débarrasser des derniers vestiges de la ségrégation et de la discrimination. Ce problème ne va pas se résoudre tout seul, quoi qu'en disent beaucoup de gens. Quoi qu'en disent beaucoup d'Oncle Tom et de nerveuses Nelly au sein de la communauté noire [1], ce problème ne va pas se résoudre tout seul. (*Non, M'sieur*) L'histoire prouve assez (*Oui*) que les groupes privilégiés abandonnent rarement leurs privilèges sans résister vigoureusement, et ils ne le font jamais bien volontiers. Aussi, pour faire du rêve américain une réalité, nous devons travailler et prendre conscience de l'urgence du moment. Il nous faut le proclamer, il est temps de réaliser les promesses de la démocratie. Maintenant, il est temps de se débarrasser de la ségrégation et de la discrimination. Maintenant, il est temps de faire de la Géorgie un État meilleur. Maintenant, il est temps de rendre les États-Unis meilleurs. (*Oui*) Nous devons le vivre et le croire.

Et je voudrais vous dire ce matin ce que j'ai tenté de dire dans tout le pays, et que je crois fermement : à savoir que, pour faire du rêve une réalité, nous devons utiliser et adopter une méthode adéquate. Plus que jamais, je suis convaincu que la non-violence est le chemin, que la violence est aussi impraticable qu'immorale. Si nous voulons construire une Amérique meilleure, nous possédons une méthode (*Oui, M'sieur*) aussi ancienne que les injonctions de Jésus de Nazareth, aussi moderne que les techniques de Mohandas K. Gandhi. Nous ne devons ni haïr ni user de violence. Nous sommes capables de faire face à notre plus violent adversaire et de lui déclarer : Nous combattrons votre capacité à infliger la souffrance par notre capacité à l'endurer. À votre force physique, nous opposerons notre force spirituelle. (*Dis-le clairement*) Faites-nous ce que vous voulez et nous vous aimerons encore. En toute bonne conscience, nous ne pouvons obéir à vos lois injustes, car c'est une obligation morale de ne pas coopérer avec le mal tout comme de coopérer avec le bien ; aussi mettez-nous en

1. Prénoms génériques désignant des Noirs aux attitudes serviles, voire aliénantes, à l'égard des Blancs (N.d.T.).

prison. (*Dis-le clairement*) Nous irons dans ces prisons et transformerons ces bastions de honte en havres de liberté et de dignité humaine. Envoyez dans nos communautés, au-delà de minuit, vos fauteurs de violence en cagoules [1] et embarquez-nous sur quelque bas-côté d'une route, battez-nous et abandonnez-nous à demi morts et, si difficile que cela soit, nous vous aimerons encore. (*Amen*) Parcourez le pays avec vos agents de propagande pour le convaincre de notre inaptitude à l'intégration culturelle, morale ou autre, et nous vous aimerons encore. (*Oui*) Menacez nos enfants, posez des bombes dans nos maisons et, si difficile que cela soit, nous vous aimerons encore. (*Ouais*)

Mais, soyez-en sûrs, nous vous renverserons par notre capacité à souffrir. Un jour, nous gagnerons notre liberté, et non seulement la nôtre, mais nous toucherons tellement votre cœur et votre conscience que dans le mouvement nous vous gagnerons. Et notre victoire sera une double victoire.

Oh oui, l'amour est le chemin. (*Oui*) L'amour est l'unique absolu. Je le remarque de plus en plus. J'ai vu trop de haine pour haïr moi-même ; la haine est un trop lourd fardeau à porter. (*Vous le pariez. Oui*) Je l'ai trop vue sur les visages des shérifs du Sud – j'ai vu la haine. Sur les visages et même, dans le Sud, dans la démarche de trop d'hommes du Klan. La haine déforme la personnalité. La haine altère l'âme au point que celle-ci perd son objectivité. L'homme ne peut plus penser clairement, (*Amen*) raisonner clairement, voir clairement, marcher clairement. (*Ouais*) Et c'est pourquoi Jean déclare : « Dieu est amour [2] », (*Oui, M'sieur*) de telle sorte que celui qui hait ne connaît pas Dieu, mais celui qui aime Dieu (*Vas-y*) détient

1. King fait ici allusion aux membres du Ku Klux Klan et à leurs costumes. Le nom générique du Ku Klux Klan regroupe des sociétés secrètes, nées en 1866, au lendemain de la guerre de Sécession, pour restaurer la suprématie blanche. Après une intense période d'activité, de 1866 à 1869, le mouvement est officiellement dissous, mais il renaît en 1915. Scandales internes et crise économique de 1929 conduisent cependant à son déclin et ce sont, paradoxalement, les acquis sociaux et politiques des Noirs qui favorisent, dès 1954, sa résurgence (N.d.T.).

2. 1 Jean 4, 8 (N.d.T.).

alors la clé qui ouvre la porte (*Ouais*) donnant accès au sens ultime de la réalité. C'est pourquoi ce matin nous avons tant à offrir au monde. (*Oui, M'sieur*)

Nous avons un grand rêve, (*Un grand rêve*) qui date de 1776 [1]. Et que Dieu accorde à l'Amérique d'être fidèle à son rêve.

Il y a deux ans environ, je me tenais avec plusieurs d'entre vous ici présents – et vous tous, spirituellement –, à Washington devant le Mémorial de Lincoln. (*Oui*) À la fin de mon discours, j'essayai d'évoquer devant la nation un rêve personnel. Je dois vous confesser ce matin que, depuis cet après-midi étouffant d'août 1963 [2], mon rêve a souvent tourné au cauchemar [3]. (*Seigneur*) Je l'ai vu brisé. Brisé une nuit sur l'autoroute 80 en Alabama lorsque Mme Viola Liuzzo fut abattue. (*Seigneur, Seigneur*) J'ai fait un cauchemar et vu mon rêve brisé une nuit à Marion, en Alabama, lorsque Jimmie Lee Jackson fut abattu. (*Seigneur*) J'ai vu mon rêve brisé une nuit à Selma lorsqu'un raciste vicieux frappa au sol le pasteur Reeb, qui mourut peu après. Oh, je continue à le voir brisé en arpentant les rues des Harlem de notre pays. (*Oui*) Et en voyant parfois dix à quinze Noirs se partager une ou deux pièces pour vivre. (*Oui*) Depuis lors, je me suis rendu dans le delta du Mississippi et j'ai vu mon rêve brisé en rencontrant des centaines de gens qui ne gagnaient guère plus de cinq à six dollars par semaine. J'ai vu

1. Le 4 juillet 1776, la déclaration d'Indépendance, rédigée par Thomas Jefferson, est adoptée par le second Congrès continental ; cette date est devenue depuis lors celle de la fête nationale, *Independance Day* (N.d.T.).

2. Allusion au 28 août 1963, jour où King prononça son plus fameux discours « Je fais un rêve » (*I have a dream*), lors du grand rassemblement à Washington commémorant le centenaire de l'émancipation des Noirs en 1863. On lira une traduction française de ce célèbre discours in M.L. King, *Je fais un rêve*, Paris, Bayard Éditions, 1987, p. 62-69 (N.d.T.).

3. King glisse de la métaphore du rêve à celle du cauchemar, reprenant la terminologie d'un Malcolm X (1925-1965), leader musulman assassiné le 21 février 1965. Quant aux trois noms qui suivent, ce sont ceux de militants du Mouvement en faveur des droits civiques : Jimmie Lee Jackson fut gravement blessé le 18 février 1965 à Marion et mourut deux jours plus tard ; James Reeb, pasteur unitarien blanc, fut battu à mort le 11 mars 1965 peu avant la marche de Selma à Montgomery, à l'issue de laquelle, le 25 mars, Mme Viola Liuzzo fut assassinée (N.d.T.).

mon rêve brisé en parcourant les rues de Chicago, (*Dis-le clairement*) en voyant de jeunes Noirs, hommes et femmes, désespérés par le chômage, au point de considérer la vie comme un long corridor désolé sans panneau indiquant la sortie. Et cela ne concerne pas que des Noirs. J'ai vu mon rêve brisé en allant dans les Appalaches, en voyant mes frères blancs vivre dans la pauvreté aux côtés des Noirs. (*Ouais*) Et je me sens tout autant concerné par la pauvreté atteignant les Blancs que par celle touchant des Noirs. (*Exprime-le sans ambages*)

Oui, c'est ainsi que mon rêve s'est brisé, (*Amen*) en vivant des expériences cauchemardesques, mais, je vous l'affirme une fois encore ce matin, je n'ai pas perdu la foi. (*Non, M'sieur*) Je fais toujours le rêve (*Un rêve. Oui, M'sieur*) qu'un jour tous les enfants de Dieu auront de quoi se nourrir, se vêtir, auront ce qui est nécessaire à leur bien-être physique, bénéficieront de la culture et de l'éducation pour leur intelligence, et jouiront de la liberté pour leur esprit. (*Oui*)

Ce matin, je fais encore un rêve : (*Oui*) Un jour tous les petits enfants noirs de Dieu seront respectés comme ses enfants blancs.

Ce matin, je fais encore le rêve (*Oui*) qu'un jour le lion et l'agneau se coucheront ensemble, que tout homme pourra s'asseoir sous sa treille et son figuier et que personne n'aura peur [1].

Ce matin, je fais encore le rêve qu'un jour tous les hommes reconnaîtront que Dieu les a créés d'un même sang pour se disperser sur la surface de la terre.

Ce matin, je fais encore le rêve qu'un jour tout vallon sera relevé, toute montagne et toute colline seront abaissées, tout éperon deviendra plaine, tout mamelon une trouée, la gloire du Seigneur sera dévoilée et tous les êtres de chair la verront ensemble [2].

Ce matin, je fais encore le rêve (*Amen*) que la vérité régnera sans conteste et que tous les enfants de Dieu respecteront la

1. Allusion à Isaïe 11, 6, Isaïe 65, 25, et Michée 4, 4 (N.d.T.).
2. Isaïe 40, 4-5 (N.d.T.).

dignité et la valeur de la personne humaine. Et lorsque ce jour adviendra les étoiles du matin chanteront ensemble (*Oui*) et les fils de Dieu exulteront de joie [1].

« Nous tenons comme des vérités évidentes par elles-mêmes que tous les hommes (*C'est vrai*) naissent égaux, qu'ils ont reçu de leur Créateur certains droits inaliénables, (*Oui, M'sieur*) parmi lesquels sont la vie, la liberté et la recherche du bonheur. »

Nous ouvrons maintenant les portes de l'Église [2]. Si quelqu'un a besoin d'accepter le Christ, (*Oui, M'sieur*) une merveilleuse opportunité se présente, c'est le moment de prendre une grande décision. Et alors que nous chantons ensemble, nous vous invitons à faire l'expérience de la foi, du baptême et de la sollicitude. Venez maintenant, prenez part à la grande communauté chrétienne, acceptez le Christ (*Oui, M'sieur*) comme votre sauveur personnel.

1. Job 38, 7 (N.d.T.).
2. À la fin de la prédication du culte baptiste, il faut comprendre ce geste comme un appel à la conversion personnelle (N.d.T.).

6

Directives pour une Église dynamique

Introduction du pasteur Floyd H. Flake [1]

Martin Luther King Jr savait se saisir des grands problèmes contemporains et les interpréter dans un contexte théologique qui interpellait les gens, les forçant à examiner leur rôle en tant que chrétiens ou membres d'autres confessions qui prétendent être bonnes envers l'humanité. Il rendit les paroles des prophètes de l'Ancien Testament et celles de Jésus dans le Nouveau Testament pertinentes pour les pauvres auxquels il s'adressait, pour les gens au cœur brisé auxquels il prêchait, pour ceux qui étaient pris dans les filets de l'injustice, pour ceux qui étaient aveugles aux desseins d'une société intégrée et pour les nombreux « Noirs » qui, bien que légalement émancipés, étaient toujours victimes d'un système qui fermait les yeux sur un racisme déclaré et sur des pratiques injustes à leur égard.

1. Floyd H. Flake, pasteur et membre du Congrès, a récemment pris sa retraite après onze ans de service à la Chambre des représentants (Démocrates-N.Y.), afin de revenir à plein temps comme pasteur de l'église méthodiste épiscopale africaine Allen à Jamaïca dans l'État de New York, où il servait depuis 1976. Cette église administre une école chrétienne, un centre social incluant une clinique de jour subventionnée par la ville, un complexe pour personnes âgées et une chaîne de magasins.

Dans « Directives pour une Église dynamique », Martin Luther King Jr commence par soulever le problème de la ségrégation scolaire, que la Cour suprême a déclarée inconstitutionnelle en 1954. Il relève que le mandat de la Cour en faveur de l'intégration était d'avancer à une « allure délibérée » ; mais en 1956 le processus fut très ralenti. Le Dr King rappelle que tout bascula lorsque le Département de l'Éducation publia des orientations à l'intention des établissements scolaires, leur enjoignant de favoriser l'intégration sous peine de perdre les subventions fédérales.

Citant Isaïe 61, il dévoile avec éloquence ces « Directives pour une Église dynamique » que l'Église doit suivre si elle veut bénéficier « des trésors célestes de grâce ». Il défie l'Église de répondre à ce qui, d'une façon ou d'une autre, brise humainement la vie de tout être. Il l'appelle aussi à remplir véritablement sa mission de combat contre l'injustice raciale en dépit de la peur des représailles. Puis il rappelle que, pour suivre ces directives, les responsables d'Église doivent être assez audacieux pour proclamer le message de liberté et de libération. Enfin, le Dr King annonce que c'est maintenant « l'année de la faveur du Seigneur ».

L'échec du système scolaire public est l'un des plus gros problèmes de notre société aujourd'hui. Par conséquent, l'Église doit se remettre en question à la lumière des directives présentées par le Dr King. Je crois que c'est la bonne année pour proposer des options éducatives aux enfants pauvres, car le système actuel ne les prépare pas à se battre dans une société aujourd'hui globale. C'est la bonne année pour réconforter les parents qui ont le cœur brisé en voyant leurs enfants effectuer leur scolarité – c'est déjà une promotion sociale –, mais terminer trop souvent ce parcours sans savoir lire et donc sans pouvoir s'intégrer à la société. C'est cette année de la faveur du Seigneur que nous devons défier les derniers vestiges de la ségrégation, qu'ils soient de genre, de classe ou de race.

Directives pour une Église dynamique [1]

J'aimerais ce matin vous soumettre l'hypothèse que nous, disciples de Jésus Christ et responsables de la vie de son Église, avons aussi quelques directives de base à suivre. Quelque part, derrière le mince voile d'éternité, Dieu présente ses directives. Et à travers ses prophètes et plus encore par son fils Jésus Christ, il déclare : « Il y a des choses que mon Église doit accomplir. Il y a des directives que mon Église doit suivre. » Et si nous, dans l'Église, ne voulons pas que les crédits de grâces du trésor divin soient coupés, nous devons suivre ces directives. (*C'est vrai*) Elles nous sont clairement données dans les mots prononcés par notre Seigneur et Maître, un jour lors de sa venue au Temple, alors qu'il cite Isaïe : « L'Esprit du Seigneur est sur moi, parce qu'il m'a conféré l'onction (*Oui, M'sieur*) pour annoncer la bonne nouvelle aux pauvres, (*Oui, M'sieur*) il m'a envoyé guérir ceux qui ont le cœur brisé, proclamer aux captifs la libération et aux aveugles le retour à la

1. Prédication prononcée en l'église baptiste d'Ebenezer à Atlanta (Géorgie), le 5 juin 1966.

vue, (*Oui*) renvoyer les opprimés en liberté, proclamer une année d'accueil par le Seigneur [1]. » Ce sont les directives.

L'Église, voyez-vous, n'est pas un club social, bien que certains le pensent. (*Dis-le clairement*) Ils ont un jugement borné, au point de croire qu'il s'agit d'une sorte de club social teinté d'une pointe de religiosité, mais l'Église n'est pas un club social. (*Dis-le clairement*) L'Église n'est pas un centre de divertissement, comme le croient certains. Leur manière d'agir dans l'Église montre qu'ils la considèrent comme un centre de divertissement. L'Église n'est pas un centre de divertissement. Divertir, c'est le rôle des singes, pas des prédicateurs.

En dernière analyse, l'Église a un but. L'Église se bat avec ce qui compte le plus pour l'homme. Et par conséquent elle doit suivre certaines directives.

Maintenant, j'espère disposer de suffisamment de temps pour examiner chaque aspect de ce texte, mais je n'en mentionnerai que quelques-uns. Commençons par réfléchir au fait que si l'Église veut suivre ces directives, elle doit guérir (*Oui, M'sieur*) ceux qui ont le cœur brisé. Il n'y a probablement pas de situation plus tourmentée que d'avoir le cœur brisé. Voyez-vous, le fait d'avoir le cœur brisé ne traduit pas une condition physique, mais une condition d'épuisement spirituel. Et qui d'entre vous n'a jamais éprouvé cela ? Je dirai même qu'une telle condition est le fruit de la désillusion. Et je ne crois pas que beaucoup de mes auditeurs ce matin n'aient jamais éprouvé cela. (*Oui, c'est vrai*)

Voici un jeune homme ou une jeune fille rêvant à quelque grande carrière et programmant leur parcours scolaire pour la réaliser, et ils comprennent qu'ils n'ont pas les facultés intellectuelles suffisantes, le savoir-faire, pour atteindre l'excellence dans ce domaine particulier. Et ils finissent alors par opérer un second choix de vie, et cela leur brise le cœur.

Voici un couple, lors de son mariage, qui se tient devant l'autel, il semble au septième ciel, mais il découvre à peine six

---

1. Luc 4, 16-22, Jésus citant Isaïe 61, 1-2 (N.d.T.).

mois ou un an plus tard que conflits et dissensions commencent à se développer, qu'arguments et disputes fleurissent. (*Oui, M'sieur*) Et ce même mariage qui, un an plus tôt, menait au septième ciel se termine devant un tribunal pour motif de divorce, (*Oui*) laissant les individus le cœur brisé.

Voici une famille, (*Dis-le clairement*) un père et une mère qui luttent désespérément pour élever leurs enfants comme ils devraient. Ils travaillent dur pour leur instruction, pour leur enseigner une direction possible, et prient avec ferveur pour qu'ils soient soutenus. Et pourtant, en dépit de tout cela, un ou deux de leurs enfants finissent par emprunter la mauvaise voie, (*Oui*) vers quelque contrée étrange et tragique. Et les parents, concluant que leurs enfants prodigues sont perdus dans quelque pays lointain, finissent par avoir le cœur brisé.

Et c'est ainsi que grandit la tragédie ultime de la vie, ce *quelque chose* qui brise le cœur. Qui ce matin n'en a jamais fait l'expérience ? Lorsque vous êtes à côté du cercueil d'un bien-aimé. (*Oui, M'sieur*) Lorsque le cercueil passe dans l'allée centrale. Cette expérience que l'on appelle la mort, l'irréductible dénominateur commun entre tous les hommes. Et personne ne peut perdre un bien-aimé, une mère, un père, une sœur, un frère, un enfant, sans en avoir le cœur brisé. Avoir le cœur brisé est une réalité de la vie.

Et dimanche après dimanche, semaine après semaine, des gens se rendent à l'église de Dieu avec le cœur brisé. (*Oui, M'sieur*) Ils ont besoin de paroles d'espérance. Et l'Église a une réponse – si elle n'en a pas, ce n'est pas une Église. (*Oui*) L'Église doit dire en substance qu'avoir le cœur brisé est un fait de la vie. Qu'il ne s'agit pas de fuir lorsque vous en faites l'expérience. Ni de réprimer. Ni de traiter avec cynisme. Ne devenez pas méchant lorsque cela vous arrive. (*Dis-le clairement*) L'Église doit proclamer aux hommes et aux femmes que le vendredi saint (*Oui, M'sieur*) est un fait de la vie, que l'échec fait partie de la vie. Certains ne dépendent que de leurs succès, que de ce qu'ils accomplissent. Aussi, lorsque surviennent les difficultés et les fardeaux de la vie, ils ne peuvent les assumer.

Mais l'Église doit dire à ces hommes (*Oui, M'sieur*) que le vendredi saint fait autant partie de la vie que Pâques, l'échec autant que la réussite, la désillusion autant que l'accomplissement. Et l'Église doit dire aux gens de prendre en charge leur fardeau, (*Oui, M'sieur*) leur peine, les inciter à y être attentifs, à ne pas les fuir. Dites-vous, c'est ma peine (*Oui, M'sieur*) et je dois la porter. (*Oui*) Examinez-la sérieusement et interrogez-vous : « Comment puis-je transformer ce handicap en avantage ? »

C'est le pouvoir que Dieu vous donne. Il ne dit pas que vous n'aurez pas de tension, que vous n'éprouverez pas de désillusion, que vous échapperez aux ennuis et aux difficultés. Mais ce que dit la religion, c'est ceci : Si vous avez foi en Dieu, (*Oui*) Dieu a le pouvoir (*Oui, M'sieur*) de vous donner un équilibre intérieur au travers même de votre peine. Aussi ne laissez pas votre cœur se troubler. (*Non, M'sieur*) « Si vous croyez en Dieu, croyez aussi en moi [1]. » Une autre voix résonne : « Venez à moi, vous tous qui êtes fatigués et chargés [2]. » Comme pour dire : Venez à moi, vous tous qui êtes écrasés. Venez à moi, vous tous qui êtes frustrés. Venez à moi, vous tous dont les esprits sont assombris par les nuages de l'anxiété. Venez à moi, vous qui n'en pouvez plus. (*Oui, M'sieur*) Venez à moi, vous tous qui avez le cœur brisé. Venez à moi, vous tous qui êtes chargés de lourds fardeaux, et je vous donnerai le repos [3]. » Et le repos que donne Dieu (*Oui*) est un repos qui dépasse toute compréhension. (*Oui, c'est le cas*) Le monde ne comprend pas ce genre de repos, car c'est un repos qui vous rend capables de tenir au milieu de la tempête et de vous maintenir dans un calme intérieur. (*Oui*) Si l'Église suit ses directives, (*Oui*) elle guérit ceux qui ont le cœur brisé.

Deuxièmement, quand l'Église suit ses directives, elle proclame la libération (*Oui, M'sieur*) des captifs. (*Oui, M'sieur*)

1. *Cf.* Jean 14, 1 (N.d.T.).
2. *Cf.* Matthieu 11, 28 (N.d.T.).
3. *Cf.* Matthieu 11, 28 (N.d.T.).

C'est le rôle de l'Église : libérer les gens. Cela signifie simplement libérer ceux qui sont esclaves. Cependant, notez-le, certaines Églises ne lisent jamais cette partie. Certaines Églises ne s'estiment pas concernées par la libération de quiconque. Certaines Églises blanches (*Dis-le clairement*) sont confrontées au fait que leurs membres sont, de dimanche en dimanche, esclaves du préjugé, (*Oui, M'sieur*) esclaves de la peur. Un tiers d'entre elles, la moitié ou davantage, sont esclaves du préjugé. (*Oui, M'sieur*) Et le prédicateur la plupart du temps ne fait rien pour les en délivrer. (*Dis-le clairement. Oui*) Ensuite, vous avez un autre groupe, assis, qui aimerait bien faire quelque chose à propos de l'injustice raciale, mais qui craint les représailles sociales, politiques et économiques, (*Dis-le clairement*) d'où son silence. Et le prédicateur ne dit jamais rien pour élever l'âme de ces gens et les libérer de cette peur. (*Dis-le clairement*) Aussi restent-ils captifs. Vous savez, cela arrive souvent dans l'Église noire. (*Ouais*) Vous savez, il y a quelques prédicateurs noirs qui n'ont jamais ouvert la bouche pour parler du Mouvement en faveur des droits civiques. Et non seulement ils n'en ont jamais parlé, mais ils n'ont jamais rien fait pour. Et de temps à autre, vous trouvez quelques membres [qui disent] : (*Dis-le clairement*) « Dans l'Église, ils parlent trop des droits civiques. » (*C'est vrai*) J'étais en conversation, l'autre jour, avec un prédicateur qui me rapportait que quelques-uns de ses membres s'exprimaient ainsi. Je lui rétorquai : « Ne faites pas attention à eux. (*Dis-le clairement*) Car, en premier lieu, ce n'est pas le groupe qui vous a appelé à prêcher. (*Ouais*) Et tout prédicateur permettant à sa communauté de lui dire ce qu'il doit prêcher n'est plus vraiment prédicateur. » (*Amen*)

Car les directives énoncent très clairement que c'est Dieu qui consacre. (*Oui, M'sieur*) Aucun membre de l'Église baptiste d'Ebenezer ne m'a appelé au ministère. (*Non, M'sieur*) Vous m'avez appelé à Ebenezer et vous pouvez m'en faire partir, mais non pas me faire quitter le ministère, parce que j'ai reçu mes directives et mon appel du Dieu tout-puissant. Et *tout* ce que je veux dire, je le dirai depuis cette chaire. (*Dis-le clairement*) Cela peinera peut-être quelqu'un, je ne le sais ; peut-être quelqu'un ne sera-t-il pas d'accord. (*Dis-leur*) Mais lorsque Dieu parle, qui peut refuser de prophétiser ? (*Amen*) La parole de Dieu est sur moi comme un *feu* qui habite mes os [1], (*Oui. C'est vrai*) et lorsque la parole de Dieu m'investit, je dois la prononcer, la dire tout entière. [*Cris*] (*Oui*) Et Dieu m'a appelé (*Oui*) à délivrer ceux qui sont captifs. (*Oui, M'sieur*)

Certains souffrent. (*Dis-le clairement*) Ce matin, certains ont faim. (*Oui*) [*Applaudissements*] Certains vivent encore ce matin dans un environnement de ségrégation et de discrimination. (*Oui, M'sieur*) Je vais le prêcher. (*Prêche-le. Je suis avec toi*) Je vais combattre pour eux. Je mourrai pour eux si nécessaire, parce que mes directives sont claires. (*Oui*) Et le Dieu que je sers et qui m'a appelé à prêcher (*Oui. Amen*) m'a dit que de temps à autre je devrai aller en prison pour eux. (*Dis-le clairement*) Que, de temps à autre, j'aurai à souffrir l'agonie pour la liberté de ses enfants. (*Oui*) Et peut-être même à mourir pour cela. Mais si nécessaire, je préférerai suivre les directives de Dieu que celles des hommes. (*Oui*) L'Église est appelée à libérer (*Oui*) ceux qui sont captifs, (*Oui, M'sieur*) libérer ceux qui sont victimes de l'esclavage de la ségrégation et de la discrimination, ceux qui sont pris dans l'esclavage de la peur et du préjugé. (*Dis-le clairement*)

Et l'Église, si elle agit en conformité avec ses directives, doit prêcher l'année de la faveur du Seigneur. (*Oui, M'sieur. Dis-le clairement*) Vous savez, l'année de la faveur du Seigneur, c'est une année de faveur aux yeux de Dieu parce qu'elle remplit les exigences de son Royaume. Quelques-uns en lisant ce passage estiment qu'il évoque une période au-delà de l'histoire, (*Dis-le clairement*) mais, je vous le dis ce matin, l'année de la faveur du Seigneur peut se réaliser cette année. (*Oui*) Et l'Église se doit de le prêcher.

---

1. *Cf.* Jérémie 20, 9 (N.d.T.).

L'année de la faveur du Seigneur, c'est n'importe quelle année (*Amen*) où l'homme décide de bien agir.

L'année de la faveur du Seigneur, c'est n'importe quelle année où l'homme cessera de lyncher et de tricher. (*Amen. Dis-le clairement*)

L'année de la faveur du Seigneur, c'est cette année où les femmes téléphoneront à des fins utiles (*Oui*) plutôt que pour répandre calomnies et fausses rumeurs sur leurs voisins.

L'année de la faveur du Seigneur, c'est n'importe quelle année (*N'importe quelle année*) durant laquelle les hommes cesseront de gaspiller en débauche la vie précieuse que Dieu leur a donnée. (*Dis-le clairement*)

L'année de la faveur du Seigneur, (*Oui*) c'est cette année où les gens d'Alabama (*Dis-le clairement*) cesseront d'assassiner les travailleurs civiques [1] et ceux qui sont simplement engagés dans la lutte pour obtenir leurs droits constitutionnels. (*Dis-le clairement*)

L'année de la faveur du Seigneur, (*Oui*) c'est cette année où les hommes apprendront à vivre fraternellement ensemble. (*Oui, M'sieur*)

L'année de la faveur du Seigneur, (*Oui*) c'est cette année où les hommes hisseront leur théologie à la hauteur de leur technologie.

L'année de la faveur du Seigneur, c'est cette année où les hommes hisseront les fins pour lesquelles ils vivent à la hauteur des moyens mis en œuvre.

L'année de la faveur du Seigneur, c'est cette année (*Cette année*) où les hommes hisseront leur moralité à la hauteur de leur mentalité.

L'année de la faveur du Seigneur, c'est cette année (*Oui*) où les dirigeants du monde s'assiéront à la table de négociation

---

1. King fait ici particulièrement allusion aux meurtres de trois volontaires du Comité de coordination non violent des étudiants – les Blancs Andrew Goodman et Michael Schwerner, et le Noir James Chaney – durant l'été 1954, affaire dont s'inspire largement le film *Mississippi Burning* (1989) du réalisateur anglais Allan Parker. Voir également la note 3, p. 112 (N.d.T.).

(*Dis-le clairement*) et comprendront que, à moins que le genre humain ne mette un terme à la guerre, c'est la guerre qui mettra un terme au genre humain [1]. (*Oui*)

L'année de la faveur du Seigneur, [*Applaudissements*] c'est cette année où les hommes martèleront leurs épées pour en faire des socs de charrue, (*Oui*) et leurs lances des serpes [2] ; où les nations ne se lèveront plus les unes contre les autres et n'apprendront plus à faire la guerre [3]. (*Oui*)

L'année de la faveur du Seigneur, c'est cette année (*Cette année*) où les hommes permettront au droit de jaillir comme les eaux, et la justice, comme un torrent intarissable [4]. (*Oui*)

L'année de la faveur du Seigneur, c'est cette année où nous enverrons au Congrès et dans les bâtiments officiels de nos États (*Oui, M'sieur*) des gens qui agiront avec justice, des gens doués de compassion (*Oui*) et capables de marcher humblement aux côtés de leur Dieu [5]. (*Oui*)

L'année de la faveur du Seigneur, c'est cette année (*Oui, M'sieur*) où tout vallon sera relevé et toute montagne sera abaissée ; où l'éperon deviendra une plaine, et les endroits tortueux, une trouée ; et la gloire du Seigneur sera dévoilée, ce que les êtres de chair verront tous ensemble [6].

L'année de la faveur du Seigneur, c'est cette année où les hommes feront pour les autres ce qu'ils voudraient qu'ils leur fissent à eux-mêmes [7]. (*Oui*)

L'année de la faveur du Seigneur, c'est cette année où les hommes aimeront leurs ennemis, (*Oui*) béniront ceux qui les maudissent et prieront pour ceux qui les calomnient [8].

L'année de la faveur du Seigneur, c'est cette année où les

1. King cite ici une fameuse formule du président John Fitzgerald Kennedy. Voir également p. 221 et 222 de ce recueil (N.d.T.).
2. *Cf.* Isaïe 2, 4 (N.d.T.).
3. Expression reprenant celle d'un negro-spiritual (N.d.T.).
4. *Cf.* Amos 5, 24 (N.d.T.).
5. *Cf.* Michée 6, 8 (N.d.T.).
6. *Cf.* Isaïe 40, 4-5 (N.d.T.).
7. *Cf.* Luc 6, 31 (N.d.T.).
8. *Cf.* Luc 6, 28 (N.d.T.).

hommes découvriront que Dieu les a tous créés d'un seul sang pour peupler la surface de la terre [1]. (*Oui*)

L'année de la faveur du Seigneur, c'est cette année où tout genou fléchira et toute langue confessera le nom de Jésus [2]. Et partout les hommes exulteront « Alleluia, Alleluia ! Le royaume de ce monde est devenu celui de notre Seigneur et de son Christ, et il régnera à jamais. Alleluia, Alleluia ! »

L'année de la faveur du Seigneur, c'est l'année de Dieu. (*Oui*)

Ce sont les directives, et si seulement nous les suivons, nous serons prêts pour le Royaume de Dieu, (*Oui*) accomplissant ce que l'Église de Dieu est appelée à faire. Nous ne serons pas un club social. (*Dis-le clairement*) Nous ne serons pas un petit centre de divertissement. Mais nous serons concernés par quelque chose de sérieux (*Oui*), apporter le Royaume de Dieu sur terre.

Il me semble entendre le Dieu de l'univers s'adresser à l'Église en souriant : « Tu es une grande Église, (*Gloire à Dieu*) car j'ai eu faim et tu m'as donné à manger. Tu es une grande Église, car j'étais nu et tu m'as vêtu. Tu es une grande Église, car j'étais malade et tu m'as visité. Tu es une grande Église, car j'étais en prison et tu m'as apporté consolation en venant à moi [3]. » (*Oui, M'sieur*) Et c'est cette Église-là qui va sauver le monde. « L'Esprit du Seigneur est sur moi (*Oui*) parce qu'il m'a conféré l'onction pour guérir ceux qui ont le cœur brisé, pour proclamer aux captifs la libération (*Amen*) et pour prêcher l'année de la faveur du Seigneur [4]. »

---

1. *Cf.* Actes 17, 26 (N.d.T.).
2. *Cf.* Philippiens 2, 10-11 (N.d.T.).
3. *Cf.* Matthieu 25, 35-36 (N.d.T).
4. *Cf.* Isaïe 61, 1-2 (N.d.T.).

7

Les trois dimensions d'une vie achevée

Introduction du P. Theodore Hesburgh [1]

Un des grands pièges qui guettent le lecteur des sermons de Martin Luther King tient à leur apparente simplicité, voire à leur simplisme. Notre sermon commence en parlant de toute la vie faite de longueur, de largeur et de hauteur. Comme cela paraît simpliste ! Toutefois, si vous lisez avec attention et écoutez avec intensité, le message se révèle très profond, essentiel et parfois même mystique.

Il y a des moments où Martin se sert de l'argot noir du jour, brassant la grammaire, les temps et les accords grammaticaux. Puis, à d'autres moments, il prête attention à son auditeur, qui entend des paroles familières ; il l'élève jusqu'au ciel, aux sommets de l'idéalisme, au cœur de la vie chrétienne, et conclut le tout en citant constamment Jésus, qui parle de la même façon et met à la portée de chacun les grands mystères de l'univers.

Martin n'était jamais pédant, bien qu'il enseignât constamment. L'esprit de l'Évangile habite profondément chaque ligne

1. Le P. Theodore Hesburgh, président de l'université Notre-Dame, est une figure nationale en raison de son travail au sein du gouvernement fédéral et de son engagement œcuménique et social.

de sa prédication, et les citations classiques du Seigneur font résonner ses paroles de façon très familière. Au milieu d'une simple conversation relative à la vie et à Dieu, il place tout à coup (sans identifier son auteur) une citation très profonde de saint Augustin sur l'agitation de nos cœurs. Inutile d'exposer sa très vaste culture théologique. Il est étonnant de constater la qualité du discernement de King par son intelligence des Écritures et l'actualisation des expressions bibliques.

D'énormes problèmes sociaux, une agitation sociale et une profonde injustice portant atteinte à la dignité des Noirs marquaient l'époque où King prêchait. Martin dit simplement que la vie signifie se connaître, s'aimer et se respecter soi-même – mais non seulement cela. Ce serait quelque peu égoïste, dit-il. On ne doit pas être uniquement préoccupé par sa propre paix intérieure, mais également par ce qui peut faire du bien aux autres. Ce conseil va de pair avec les problèmes contemporains : soutenir la révolution sociale, s'engager dans le Mouvement en faveur des droits civiques, garder son propre respect et tout particulièrement vaincre sa peur du présent et aussi du futur.

Le Dr King va jusqu'à évoquer directement Dieu, toutes ses promesses, ses dons, et tout ce que nous devrions attendre si nous nous offrions nous-mêmes totalement à Lui en nous abandonnant entre ses mains. J'imagine la paix intérieure de l'assemblée lorsque Martin déclare que, bien qu'il ne connaisse pas la durée de son existence, il fera ce qu'il pourra tant qu'il vivra.

Ces réflexions étaient très profondes et dérangeantes, à l'époque fort difficile où il vécut. Finalement, il nous ramène à Dieu et à notre foi en Lui, en décrivant avec lyrisme Dieu et cet univers qu'Il a créé et auquel Il est si attentif.

C'est un véritable mariage de simplicité et d'éloquence, de convictions théologiques de base et de profonds desseins théologiques. L'échelle de Martin va de la terre aux cieux, dans tout l'univers ; ainsi ramène-t-il tout d'une façon simple à la vie difficile que tous les chrétiens doivent vivre dans notre monde troublé.

Les trois dimensions d'une vie achevée [1]

Le sujet de ma prédication sera « Les trois dimensions d'une vie achevée ». (*D'accord*) À Hollywood, vous savez, ils disent souvent que, pour qu'un film soit complet, il doit avoir trois dimensions. Eh bien, ce matin, je vais essayer de faire comprendre à chacun que la vie elle-même doit, pour être complète, (*Oui*) comporter trois dimensions.

Il y a de très nombreux siècles, un homme du nom de Jean se trouvait en prison, seul sur une île obscure appelée Patmos. (*C'est vrai, c'est vrai*) Et j'ai été suffisamment en prison pour savoir que c'est une expérience de solitaire. (*C'est vrai*) Et lorsque vous êtes incarcéré dans une telle situation, vous êtes presque totalement dépourvu de liberté, sauf celle de penser, de prier, de réfléchir et de méditer. Et alors que Jean se trouvait seul en prison sur cette île, (*C'est vrai*) il eut une vision des cieux (*C'est vrai, il eut une vision*) d'où il vit descendre un nouveau ciel (*C'est vrai*) et une nouvelle terre. (*C'est vrai*) Au

1. Sermon prêché en l'église baptiste de la Nouvelle-Alliance, à Chicago dans l'Illinois, le 9 avril 1967.

début du chapitre 21 du livre de l'Apocalypse, Jean dit : « Alors je vis un ciel nouveau et une terre nouvelle. (*C'est vrai*) Et je vis la ville sainte, la nouvelle Jérusalem, (*C'est vrai*) qui descendait du ciel d'auprès de Dieu [1]. » (*Oh ! ouais*)

Et l'une des plus grandes gloires de cette nouvelle cité de Dieu que vit Jean, c'est son caractère achevé. (*C'est vrai*) Elle n'était pas plus grande d'un côté que de l'autre, (*C'est vrai*) mais achevée dans ses trois dimensions. (*Oui*) Et dans le même chapitre, au verset 16, Jean dit que « la longueur, la largeur et la hauteur en étaient égales ». (*Oui, M'sieur*) En d'autres mots, la nouvelle cité de Dieu, cette nouvelle ville de l'humanité idéale, n'était pas une construction mal équilibrée, (*Non*) mais achevée sur tous ses côtés. (*Oui*) Maintenant, je pense que Jean exprime quelque chose à travers le symbolisme de ce texte et de ce chapitre. Il dit au fond ce que la vie devrait être, et que la vie est meilleure (*Ouais*) si elle est complète sur tous les plans. (*C'est vrai*)

Et toute vie complète comprend trois dimensions auxquelles nous pouvons attribuer les mots de ce texte : longueur, largeur et hauteur. (*Oui*) Maintenant la longueur de la vie, dans le sens employé ici, c'est la démarche intérieure de chacun en vue de son propre bien-être. (*Oui*) En d'autres termes, c'est la démarche intérieure qui pousse chacun à accomplir ses buts et ambitions personnelles. (*D'accord*) La largeur de la vie, dans le sens employé ici, c'est la préoccupation extérieure du bien-être d'autrui. (*D'accord*) Et la hauteur de la vie, c'est la montée vers Dieu. (*D'accord*) Et ces trois dimensions sont nécessaires pour avoir une vie complète.

Considérons d'abord la longueur de la vie. J'ai dit que cette dimension recouvrait le développement de nos possibilités intérieures. (*Ouais*) En un sens, c'est la dimension égoïste de notre être. Il existe pourtant un intérêt personnel sain et raisonnable. (*Ouais*) Un grand rabbin juif, le regretté Joshua Leibman, écrivit il y a quelques années un ouvrage, *La paix de l'esprit*, dans

---

1. Apocalypse 21, 1-2 (N.d.T.).

lequel un chapitre s'intitule « S'aimer soi-même correctement ». Il y dit en substance que vous ne pouvez vraiment aimer les autres à moins de vous aimer vous-mêmes correctement. (*D'accord*) Et, vous savez, beaucoup de gens ne s'aiment pas. (*C'est vrai*) Ils traversent l'existence remplis de conflits émotionnels profonds qui les obsèdent. La longueur de la vie signifie donc qu'il faut vous aimer vous-mêmes.

Et savez-vous ce que vous aimer vous-mêmes signifie ? Cela veut dire que vous devez vous accepter tels que vous êtes. (*D'accord*) Or tant de gens sont occupés à vouloir devenir quelqu'un d'autre. (*C'est vrai*) À chacun Dieu a donné quelque chose de significatif. Et il nous faut prier quotidiennement pour demander à Dieu de nous aider à nous accepter nous-mêmes. (*Ouais*) Dans tout ce que nous sommes. (*Ouais*) Trop de Noirs ont honte d'eux-mêmes, honte de leur complexion noire. (*Oui, M'sieur*) Un Noir doit se lever et dire du plus profond de son âme : « Je suis quelqu'un. (*Oui*) Je possède un héritage riche, noble et fier. Bien qu'exploité et malgré mon histoire lourde de souffrances, je suis noir, je suis noir et je suis beau. » (*Ouais*) C'est ce que nous avons à dire. Nous devons nous accepter. Et prier : « Seigneur, aide-moi à m'accepter quotidiennement, aide-moi à accepter mes capacités. » (*Ouais*)

Je me souviens, lorsque j'étais au lycée, que je me spécialisais en sociologie, et tous ceux qui choisissaient cette spécialité devaient suivre un cours de statistiques. Cela peut être très compliqué, car cela requiert un esprit mathématique, des connaissances en géométrie, jusqu'à savoir comment trouver le milieu, le mode et la médiane. Je n'oublierai jamais. Je suivis ce cours et j'avais, voyez-vous, un camarade qui arrivait à s'en sortir au point de faire ses devoirs en une heure environ. Nous allions souvent au laboratoire ou en salle de travaux pratiques où il terminait son travail dans ces temps. J'essayais d'en faire autant, en une heure. Et plus j'essayais, plus j'étais perdu, au point que j'en vins à conclure durement à mon sujet : « Maintenant, Martin Luther King, reconnais que Leif Cane est plus intelligent que toi. » (*C'est vrai*) Parfois vous devez le reconnaître. (*C'est vrai*) Et je me dis : « Lui, il peut le faire en une heure, alors qu'il m'en faut deux ou trois. » Je n'étais pas désireux de m'accepter, d'assumer mes capacités et mes limites. (*Ouais*)

Mais, voyez-vous, dans l'existence, nous y sommes appelés. Une Ford essayant d'être une Cadillac, c'est absurde, mais une Ford acceptera d'être une Ford (*Bien sûr*) et fera plein de choses qu'une Cadillac ne fera jamais, à commencer par se garer là où une Cadillac en sera incapable. [*Rires*] Et dans l'existence, certains d'entre nous sont des Ford et d'autres des Cadillac. (*Oui*) Moïse déclare dans *Verts pâturages* [1] : « Seigneur, c'est peu, mais c'est tout ce que j'ai. » [*Rires*] Le principe de l'acceptation de soi-même est un principe de base dans l'existence.

Examinons maintenant un autre point concernant la longueur de la vie. Après s'être accepté soi-même avec ses moyens, il nous faut découvrir notre vocation. (*Oh oui*) Et une fois que nous l'aurons découverte, nous devons y consacrer toute notre énergie possible. (*Ouais*) Une fois que nous aurons découvert ce que Dieu attend de nous, il nous faut l'accomplir, si bien que les vivants ou ceux à venir qui ne sont pas encore nés ne pourraient faire mieux. (*Oh ! oui*) Cela ne veut pas dire que chacun accomplira quelque chose que l'on appelle grand ou reconnu. Peu de gens atteignent les sommets du génie dans les arts ou les sciences, très peu atteindront certaines professions. La plupart se contenteront de travailler dans les champs, les usines et en ville. Mais il nous faut considérer la dignité de tout travail.

Lorsque j'étais à Montgomery en Alabama, j'allais assez souvent dans un magasin de chaussures, le Gordon Shoe Shop. Il y avait là un jeune homme qui faisait briller mes chaussures et c'était quelque chose de le voir faire. Il frottait en rythme

1. *Green Pastures* : il s'agit du titre d'une très célèbre pièce de théâtre de Marc Connelly (1930), entièrement interprétée par des Noirs, dont Richard B. Harrisson tenait la vedette (N.d.T.).

au point qu'on en entendait presque la musique. Et je me disais : « Ce jeune homme est docteur en cirage de chaussures. » (*C'est vrai*)

Mes amis, ce que je vous dis ce matin, c'est que même s'il vous arrive d'être balayeur de rues, accomplissez votre tâche comme peignait Michel-Ange ; balayez comme composaient Haendel ou Beethoven, comme Shakespeare rédigeait des poèmes. (*Continue*) Balayez, de sorte que les hôtes des cieux et de la terre s'arrêteront pour dire : « Ici vécut un grand balayeur de rues qui fit bien son travail. »

> Si tu ne peux être un pin au sommet de la colline,
> Sois broussaille dans la vallée – mais sois
> La plus belle petite broussaille au flanc de la colline,
> Sois buisson si tu ne peux être un arbre.
> Si tu ne peux être route, sois sentier.
> Si tu ne peux être soleil, sois étoile.
> La taille ne te fera pas perdre ou gagner,
> Sois le meilleur, quoi que tu sois [1].

Et agissant ainsi, accomplissant cela, vous réalisez la longueur de la vie. (*Oui*)

Mener à terme un tel projet est le but de la vie humaine. Néanmoins, ne vous arrêtez pas là. Vous savez, beaucoup de gens ne dépassent pas la longueur de la vie. Ils développent leurs capacités intérieures, accomplissent avec talent leur travail. Mais savez-vous qu'ils tentent de vivre comme si personne d'autre qu'eux ne vivait dans ce monde ? (*Oui*) Et ils utilisent autrui comme un simple moyen pour parvenir à leur but. Ils n'aiment personne d'autre qu'eux-mêmes. Et le seul genre d'amour qu'ils portent aux autres est un amour utilitaire. Ils n'aiment, voyez-vous, que ceux qu'ils peuvent utiliser. (*Bien*)

Beaucoup de gens ne dépassent pas cette première dimension

---

1. Poème de Douglas Malloch, *Be the best of whatever you are*, datant de 1926 (N.d.T.).

de l'existence. Ils utilisent autrui comme de simples marches pour atteindre leurs buts et leurs ambitions. Ces gens n'évoluent pas bien dans la vie. Cela peut aller un temps, alors qu'ils s'imaginent que tout va bien, mais il y a une loi. (*Oh ! oui*) Dans l'univers, on l'appelle la loi de la gravitation ; et ça marche, c'est définitif, inexorable : tout ce qui monte doit descendre. Tu récolteras ce que tu sèmes [1]. (*Ouais*) C'est ainsi que Dieu a structuré l'univers. (*Ouais*) Et celui qui traverse l'existence sans se préoccuper d'autrui sera sujet, victime de cette loi.

Aussi je poursuis en précisant qu'à la longueur il faut ajouter la largeur. La largeur de la vie, c'est en effet, comme je l'ai dit, le souci externe du bien-être des autres. (*Ouais*) Et personne n'a commencé à vivre tant qu'il ne dépasse pas les frontières étroites de ses propres soucis jusqu'à englober ceux de l'humanité tout entière. (*D'accord*)

Un jour, Jésus raconte une parabole, vous vous en souvenez [2]. Il évoque un homme venu le trouver pour avoir avec lui un dialogue très sérieux. Et ils en arrivèrent à la question : « Qui est mon prochain ? » (*D'accord*) Et cet homme voulait en débattre avec Jésus. Cette question aurait facilement pu finir en l'air comme un débat philosophique ou théologique. Mais vous vous souvenez qu'immédiatement Jésus écarte cette question gratuite pour la situer sur une route très dangereuse, entre Jérusalem et Jéricho. (*Il le fit, il le fit*) Il évoque un homme tombant dans une embuscade tendue par des voleurs. (*Vrai*) Deux hommes passent sans s'arrêter. Et puis, finalement, un autre homme, d'une autre race, s'arrête pour l'aider. (*Oh ! ouais*) Et cette parabole se termine en disant que ce bon Samaritain fut un grand homme ; bon car plus soucieux d'autrui que de lui-même. (*Oh ! ouais*)

Cependant, vous savez, beaucoup d'hypothèses circulent, expliquant les raisons pour lesquelles le prêtre et le lévite passèrent sans s'arrêter pour porter secours à cet homme. Certains

1. *Cf.* Galates 6, 7 (N.d.T.).
2. *Cf.* Luc 10, 29-37 (N.d.T.).

imaginent qu'ils se rendaient à un culte ; étant en retard, ils se dépêchaient de se rendre à la synagogue, et ils ne s'arrêtèrent pas. D'autres imaginent que leur prêtrise, et donc leur charge d'administrer le sacrement, les empêchait de toucher un corps vingt-quatre heures avant un service religieux. Une autre possibilité est qu'ils se rendaient peut-être à Jéricho pour organiser l'Association de l'amélioration de la route de Jérusalem à Jéricho. Une autre encore, ils sont passés sans s'arrêter, préférant traiter le problème à la source plutôt que de s'occuper d'une victime individuelle. C'est possible.

Mais voyez-vous, en songeant à cette parabole, j'imagine encore une autre possibilité. Ils ont passé outre parce qu'ils avaient peur. Vous savez, la route de Jéricho est dangereuse. (*C'est vrai*) Je l'ai empruntée, vous le savez. Et je ne l'oublierai pas. Mme King et moi-même nous sommes rendus en Terre sainte il y a quelques années. Nous avions loué une voiture et fait le trajet de Jérusalem à Jéricho, environ vingt-six kilomètres. Il s'agit d'une route faite de virages, de lacets et de méandres, idéale pour organiser un vol. Aussi dis-je à ma femme : « Je comprends maintenant pourquoi Jésus a choisi cette route pour y situer sa parabole. » (*Oui*) Vous vous trouvez, en sortant de Jérusalem, à plus de 800 mètres au-dessus du niveau de la mer, et lorsque vous arrivez à Jéricho, vingt-six kilomètres plus loin – c'est-à-dire à vingt-six kilomètres de Jérusalem – vous êtes à 400 mètres au-dessous du niveau de la mer. À l'époque de Jésus, on se mit à appeler cette route la « Montée du sang ». Aussi, lorsque je pense au prêtre et au lévite, j'imagine qu'ils avaient peur. (*D'accord*)

Ils me ressemblaient. L'autre jour, je suis allé chez mon père qui habite à cinq ou six kilomètres de chez nous, sur la route Simpson. Et alors que je revenais tard cette nuit-là – et je peux te dire, mon frère, que cette route est sinueuse –, un homme se tenait au bord pour me faire ralentir. J'ai senti qu'il avait besoin d'aide. [*Rires*] Mais je fis semblant de rien, et continuai ma route. [*Rires*] Je n'étais pas prêt à prendre des risques. (*C'est vrai*)

Je vous dis ce matin que la première question que se posa le prêtre fut celle que je me posai sur cette route de Jéricho à Atlanta, la route Simpson. La première question du lévite fut la suivante : « Si je m'arrête pour venir en aide à cet homme, que m'arrivera-t-il ? » (*C'est vrai*) Mais le bon Samaritain passa par là et renversa la question. Non pas : « Que m'arrivera-t-il si je m'arrête pour venir en aide à cet homme ? » Mais : « Qu'arrivera-t-il à cet homme si je ne m'arrête pas pour lui venir en aide ? » C'est toute la bonté et la grandeur de cet homme, de se risquer pour l'humanité ; il ose s'interroger : « Qu'arrivera-t-il à cet homme ? » et non pas « Que m'arrivera-t-il ? » (*D'accord*)

C'est ce dont Dieu a besoin aujourd'hui. (*Oui*) D'hommes et de femmes qui se demandent : « Qu'arrivera-t-il à l'humanité si nous ne lui venons pas en aide ? (*Oh ! ouais*) Qu'arrivera-t-il au Mouvement en faveur des droits civiques si nous n'y participons pas ? Qu'arrivera-t-il à ma ville si je ne vote pas ? Qu'arrivera-t-il au malade si je ne le visite pas ? » C'est ainsi qu'en dernière analyse Dieu juge les gens. (*Oh ! ouais*)

Oh, un jour viendra où la question ne sera plus : « Combien de récompenses as-tu gagnées ? » Ce ne sera plus : « Quelle était votre popularité au sein de votre environnement social ? » Cette question ne sera plus valide. (*Ouais*) Personne ne vous demandera quel niveau d'études vous avez obtenu. (*D'accord*) La question ne sera pas de savoir si vous avez acquis ou non un doctorat. (*C'est vrai*) Plus personne ne sera intéressé de savoir si vous êtes allés à Morehouse ou non [1]. (*Oui*) La question ne sera pas : « Avez-vous une belle maison ? » (*C'est vrai*) Ou : « Combien d'argent avez-vous mis de côté ? En actions et en obligations ? » Ni même : « Quel genre de véhicule avez-vous ? » Ce jour-là, la question sera la suivante : « Qu'avez-vous fait pour les autres ? » (*C'est vrai*)

Maintenant, je peux entendre quelqu'un répondre : « Sei-

---

1. Jeu de mots intraduisible portant sur l'assonance entre « Morehouse » (célèbre établissement secondaire noir) et « No house » (N.d.T.).

gneur, j'ai fait plein de choses pour les autres. J'ai bien fait mon travail, tout le monde l'a reconnu. (*Oh oui*) J'ai fait plein de choses, Seigneur. Je suis allé à l'école et j'ai travaillé dur. J'ai gagné plein d'argent, Seigneur, c'est ce que j'ai fait. » J'ai l'impression d'entendre le Seigneur de la vie répliquer : « J'avais faim et tu ne m'as pas nourri. J'étais nu et tu ne m'as pas vêtu, prisonnier et tu ne t'es pas senti concerné [1]. Aussi, disparais de ma vue. Qu'as-tu fait pour les autres ? » (*C'est vrai*) C'est la largeur de la vie. (*Oh ! ouais*)

Quelque part en chemin, nous devons apprendre qu'il n'y a rien de plus grand que d'agir pour autrui. Et c'est ce que j'ai décidé de faire le reste de mon existence. Voilà ce qui me préoccupe. John, si Bernard et toi [2] êtes dans les parages les derniers jours et au moment de traverser le Jourdain, je vous demande une faveur : Je ne veux pas de longues funérailles. Je n'ai même pas besoin d'un éloge funèbre (*Non*) qui dure plus d'une ou deux minutes. (*D'accord*) J'espère bien vivre le reste de mon parcours – je ne sais pas combien de temps je vivrai et cela m'importe peu –, mais j'espère vivre suffisamment bien pour que le prédicateur puisse dire : « Il fut fidèle. » (*Oui*) C'est tout, et c'est assez. (*C'est vrai*) C'est le sermon que j'aimerais entendre : « Tu as bien fait, mon bon et fidèle serviteur. Tu as été fidèle ; tu t'es préoccupé des autres [3]. » (*C'est vrai*) C'est pourquoi je veux maintenir ce cap le reste de mon existence. (*Oh ! oui*) « Que celui qui veut être le plus grand parmi vous soit votre serviteur [4]. » Je veux être un serviteur, (*Oui*) je veux être témoin de mon Seigneur, faire quelque chose pour les autres.

Et n'oubliez pas, en agissant pour autrui, que ce que vous avez vous l'avez grâce aux autres. (*Oui, M'sieur*) Ne l'oubliez pas. Nous sommes liés les uns aux autres dans la vie et le

1. *Cf.* Matthieu 25, 35-36 (N.d.T.).
2. Il s'agit probablement de John Lewis et de Bernard Lee, proches collaborateurs de King (N.d.T.).
3. *Cf.* Matthieu 25, 21 et Luc 19, 17 (N.d.T.).
4. *Cf.* Matthieu 20, 26 (N.d.T.).

monde. (*Prêche, prêche*) Et il peut vous arriver de penser que vous avez tout acquis par vous-mêmes. (*Pas tout*) Mais vous savez, avant d'être sortis pour venir à cette église, vous étiez dépendants de plus de la moitié du monde. (*C'est vrai*) Au lever, vous vous rendez dans la salle de bains pour prendre un peu de savon que vous tend un Français, l'éponge que vous passe un Turc, la serviette que vous propose un habitant d'une île du Pacifique. Puis vous passez à la cuisine prendre votre petit déjeuner : un Latino-Américain vous verse une tasse de café, (*C'est vrai*) ou peut-être, si vous préférez, un Chinois s'occupe-t-il de votre thé ce matin-là. (*Oui*) Ou un Africain de l'Ouest vous prépare-t-il un cacao. (*Oui*) Puis un fermier de langue anglaise – pour ne rien dire du boulanger – vous tend un peu de pain. (*C'est vrai*) Ainsi, avant d'avoir terminé votre petit déjeuner, vous aurez donc été dépendant de plus de la moitié du monde. (*C'est vrai*) C'est la façon dont Dieu l'a structuré, dont il a structuré le monde. Aussi soyons concernés par les autres car nous en dépendons. (*Oh ! ouais*)

Mais ne nous arrêtons pas ici, non plus. (*Non, M'sieur*) Vous savez, beaucoup de gens connaissent la vie dans sa longueur et dans sa largeur, mais s'arrêtent là. Or, pour terminer, nous devons dépasser l'intérêt personnel, aller au-delà de l'humanité, en direction du Dieu de l'univers dont le dessein n'a pas changé. (*Vrai*)

Maintenant, beaucoup de gens ont négligé cette troisième dimension. Et, voyez-vous, ce qui est étonnant, lorsque des gens négligent une telle dimension, c'est qu'ils ne s'en aperçoivent même pas, car ils sont pris par d'autres choses. Et, vous savez, il y a deux sortes d'athéisme. L'athéisme est la théorie qui nie Dieu. Il existe une forme théorique, lorsque quelqu'un s'assied et réfléchit jusqu'à parvenir à la conclusion qu'il n'y a pas de Dieu. Une autre forme, pratique, s'exprime dans un mode de vie sans Dieu. Ainsi y a-t-il beaucoup de gens qui affirment l'existence de Dieu du bout des lèvres et qui expriment le contraire dans leur existence. (*C'est vrai*) Vous connaissez des gens qui bénéficient d'une forte pression sanguine en termes de credo et qui souffrent d'anémie sur le plan de l'action. Ils nient l'existence de Dieu dans leurs vies, tant ils sont pris par d'autres choses. Par leurs comptes bancaires, (*Ouais*) l'acquisition d'une jolie maison que nous devrions tous avoir, ou celle d'une voiture, au point qu'ils en oublient Dieu. (*Oh ! ouais*) Il y a ceux qui sont tellement occupés à contempler les gratte-ciel de la ville qu'ils en oublient de lever les yeux pour voir la grande lumière cosmique et y réfléchir – celle qui se lève chaque matin à l'horizon et se déplace dans le ciel en une symphonie de mouvements et qui peint en Technicolor le bleu du ciel –, une lumière que l'homme ne peut jamais faire. (*D'accord*) Ils sont si attentifs aux gratte-ciel de la Boucle de Chicago ou de l'Empire State Building qu'ils en oublient de penser aux énormes montagnes qui embrassent le ciel, comme pour baigner leurs sommets dans le bleu altier – cela non plus, l'homme n'a jamais pu le faire ! Ils sont tellement occupés par leurs radars et leurs télévisions qu'ils en oublient les étoiles qui ornent les cieux, telles des lanternes éternelles qui se balancent, ces étoiles, qui apparaissent brillantes comme des épingles d'argent piquées dans un magnifique coussin bleu. Ils sont tellement préoccupés par les progrès de l'homme qu'ils en oublient la puissance divine. Ils finissent leurs jours sans savoir que Dieu ne les accompagne pas. (*Continue*)

Or je suis ici pour vous dire que nous avons besoin de Dieu. (*Oui*) L'homme moderne peut savoir beaucoup de choses, mais son savoir n'élimine pas Dieu. (*Vrai*) Et je vous le dis ce matin, Dieu est présent parmi nous. Quelques théologiens essaient de parler de la mort de Dieu. Je les ai questionnés à ce sujet, car cela me dérange de savoir que Dieu est mort et que je n'ai pas eu l'occasion de me rendre à son service funèbre. Ils ont été incapables de m'indiquer la date de sa mort, de me préciser quel médecin légiste avait rédigé l'acte de décès. (*Prêche, prêche*) De m'indiquer où il était enterré.

Voyez-vous, lorsque je pense à Dieu, je connais son nom. Il dit quelque part, dans l'Ancien Testament : « Je veux que tu ailles, Moïse, et que tu leur dises "JE SUIS" m'a envoyé vers vous [1]. » (*C'est vrai*) Il dit, pour que cela soit clair, fais-leur savoir que « mon prénom et mon nom sont identiques, JE SUIS QUI JE SUIS. Rends cela clair. JE SUIS. » Et dans l'univers Dieu est le seul être capable de dire « JE SUIS » et de faire suivre cette déclaration d'un point. Chacun d'entre nous doit dire : « Je suis en raison de mes parents ; en raison de certaines conditions d'environnement, de certaines circonstances héréditaires, en raison de Dieu. » Mais Dieu est le seul être capable de dire « JE SUIS » et de s'en tenir là. « JE SUIS QUI JE SUIS. » Et il est là pour demeurer. Ne laissons personne nous faire croire que nous n'avons pas besoin de Dieu. (*C'est vrai*)

Alors que j'en arrive maintenant à ma conclusion, je veux vous dire que nous devrions le chercher. Nous avons été faits pour Dieu, et nous serons sans repos tant que nous ne reposerons pas en lui. (*Oh ! oui*) Je veux vous dire que c'est cette foi qui m'a permis d'avancer. (*Oui*) Je ne me préoccupe pas de l'avenir. Vous savez, même en ce qui concerne la question raciale, je ne suis pas inquiet. L'autre jour, j'étais à Atlanta, réfléchissant à l'État d'Alabama où nous avons travaillé si dur et où l'on risque d'élire encore des Wallace [2]. Et à la maison, en Géorgie, nous avons un autre gouverneur malade du nom de Lester Maddox. (*Oui*) Et tout cela peut vous troubler, mais ce n'est pas mon cas. (*D'accord*) Parce que le Dieu que j'adore est un Dieu qui a une façon de dire, même aux rois et aux gouverneurs : « Calme-toi et sache que je suis Dieu [3]. » Et Dieu n'a pas encore livré cet univers à ces Lester Maddox et Lurleen Wallace. Je lis quelque part : « La terre et tout ce qu'elle contient appartient au Seigneur [4]. » Et je continue parce que j'ai foi en Lui. (*Oh ! ouais*) Je ne sais pas ce que contient l'avenir, mais je sais qui le tient. (*Oui*) Et Il nous guidera de sa main, nous poursuivrons notre route avec Lui.

1. *Cf.* Exode 3, 14 (N.d.T.).
2. Allusion à George Wallace, gouverneur de l'État d'Alabama, connu en ce temps-là pour son racisme (N.d.T.).
3. Deutéronome 32, 39 (N.d.T.).
4. 1 Corinthiens 10, 26 (N.d.T.).

Je me souviens d'une expérience, que j'aimerais partager avec vous, vécue à Montgomery en Alabama. Cela se passait pendant le boycott des autobus et concernait une merveilleuse vieille femme que nous appelions avec tendresse Maman Pollard. Elle devait avoir soixante-douze ans et travaillait encore à ce moment-là. (*Oui*) Pendant le boycott, elle faisait quotidiennement à pied l'aller et le retour entre chez elle et son travail. Ce fut elle que quelqu'un apostropha : « Voulez-vous monter ? » « Non », dit-elle. Et comme le conducteur avançait un peu pour insister : « N'êtes-vous pas fatiguée ? » « Si, répondit-elle, mes pieds est fatigués, mais mon âme est reposée [1]. » (*C'est vrai*)

C'était une personne magnifique. Je me souviens d'une fois où j'avais eu une semaine très difficile. (*Oui*) Nuit et jour des menaces, au point que je perdais courage. (*D'accord*) Et je n'oublierai jamais que je me rendis au rassemblement ce lundi soir très découragé et quelque peu effrayé, me demandant si nous allions vaincre. (*Oh ! oui*) Je me levai pour prononcer mon discours, mais il ne vint pas avec la force et la puissance souhaitées. Sœur Pollard me retrouva en fin de soirée pour me dire : « Qu'est-ce qui ne va pas, fils ? Tu ne t'es pas exprimé avec force ce soir !

– Rien, rien. Tout va bien, répondis-je.

– Tu ne peux pas m'en raconter, répliqua-t-elle. Il y a quelque chose qui ne va pas. Est-ce que ce sont ces Blancs qui agissent d'une façon qui te déplaît ? poursuivit-elle.

– Tout va bien, sœur Pollard. »

Elle ajouta pour finir : « Approche-toi et laisse-moi te le répéter une fois de plus. Je veux que tu entendes cela maintenant. Nous sommes avec toi. Et même si nous ne le sommes pas, le Seigneur est avec toi. » (*Oui*) « Le Seigneur prendra soin de toi », conclut-elle.

J'ai vu beaucoup de choses depuis ce jour-là, j'ai traversé de nombreuses expériences depuis cette nuit à Montgomery en

---

1. Nous avons désiré garder la syntaxe incorrecte (« my feets is tired, but my soul is rested ») de cette réplique, devenue célèbre (N.d.T.).

Alabama. Sœur Pollard est décédée depuis, et j'ai été plus de dix-huit fois en prison. J'ai frôlé la mort à cause d'une crise de démence d'une femme noire. À trois reprises ma maison a été plastiquée et je vis constamment sous des menaces de mort. Depuis ce temps-là j'ai eu beaucoup de déceptions et traversé beaucoup de nuits effrayantes. Mais toujours et encore, j'entends les paroles de sœur Pollard : « Dieu prendra soin de toi. » Aussi suis-je capable de faire face à n'importe qui, homme ou femme, en gardant un idéal, tout en ayant les pieds sur terre, car je sais que, lorsque vous avez raison, Dieu combat à vos côtés.

« Quelle que soit l'épaisseur de la nuit, la dureté du combat, levez-vous pour ce qui est juste. » Il me semble entendre une voix ce matin, disant à chacun d'entre nous : « Lève-toi pour ce qui est droit, pour ce qui est juste. Voici, je serai avec toi jusqu'à la fin du monde. » Oui, j'ai vu l'éclair. J'ai entendu le grondement du tonnerre. J'ai senti les forces du mal se jeter sur moi, essayant de s'emparer de mon âme. Mais j'ai entendu la voix de Jésus me disant de poursuivre le combat. Il a promis de ne jamais m'abandonner, de ne jamais me laisser seul. Non, jamais seul. Non, jamais seul. Il a promis de ne jamais m'abandonner, de ne jamais me laisser seul. Et je marche en croyant cela. Et je poursuis ma route convaincu de cela. Étendez le bras pour atteindre la largeur de la vie.

Vous êtes peut-être incapables de définir Dieu en termes philosophiques. Les hommes ont tenté de le faire à travers les âges. (*Oui*) Platon a dit qu'il était le bien architechtonique, Aristote le moteur immobile, Hegel le Tout absolu. Un homme du nom de Paul Tillich l'appelait l'Être lui-même. Nous n'avons pas besoin de tous ces termes qui sonnent bien. (*Oui*) Peut-être avons-nous à le connaître et à le découvrir d'une autre façon. (*Oh ! oui*) Un jour, vous devez vous lever pour dire : « Je le connais, il est le lis dans la vallée. (*Oui*) Il est l'étoile brillante du matin. (*Oui*) Il est la rose de Sharôn, la hache de combat au temps de Babylone. » (*Oui*) Et ensuite, vous devez juste sortir pour proclamer : « Il est mon tout. Ma mère et mon père. Ma sœur et mon frère. L'ami pour celui qui n'en a pas. » Il est le Dieu de l'univers. Et si vous croyez en Lui et L'adorez, cela changera votre vie. Vous sourirez lorsque d'autres seront en pleurs. C'est le pouvoir de Dieu.

Sortez ce matin. Aimez-vous vous-mêmes, ce qui implique un intérêt personnel raisonnable et sain. Il faut le faire. C'est la longueur de la vie. Puis aimez votre prochain comme vous-mêmes. Il faut le faire. C'est la largeur de la vie. Et je vais me rasseoir après vous avoir rappelé le premier et le plus grand commandement : « Aime le Seigneur ton Dieu de tout ton cœur, (*Oui*) de toute ton âme, de toute ta force [1]. » Je pense qu'un psychologue dirait « de toute ta personnalité ». Et lorsque vous le faites, vous avez atteint la hauteur de la vie.

Et lorsque vous liez tout cela, vous pouvez marcher et ne jamais vous épuiser. Vous pouvez lever les yeux et discerner le chant des étoiles du matin, et les cris de joie des fils de Dieu. Ces trois éléments réunis dans votre existence, le droit jaillira comme les eaux et la justice comme un torrent intarissable [2].

Une fois ces trois éléments liés, l'agneau se couchera auprès du lion [3].

Une fois ces trois éléments réunis, vous verrez, tout vallon sera relevé, toute colline et toute montagne seront abaissées ; l'éperon deviendra une plaine et les endroits tortueux une trouée. Alors la gloire du Seigneur sera dévoilée et tous les êtres de chair le verront [4].

Une fois ces trois éléments opérant ensemble, vous ferez aux autres ce vous voudriez qu'ils vous fassent [5].

Une fois ces trois éléments réunis, vous reconnaîtrez que Dieu a créé d'un même sang tous les humains pour peupler la surface de la terre... [6]

---

1. *Cf.* Lévitique 19, 18 ; Matthieu 22, 37 ; Marc 12, 29 ; Luc 10, 27 (N.d.T.).
2. *Cf.* Amos 5, 24 (N.d.T.).
3. *Cf.* Isaïe 11, 6 (N.d.T.).
4. *Cf.* Isaïe 40, 4 (N.d.T.).
5. *Cf.* Matthieu 7, 12 (N.d.T.).
6. *Cf.* Actes 17, 26 (N.d.T.). Par ailleurs, ici s'interrompt l'enregistrement.

8

Pourquoi Jésus qualifia cet homme d'insensé

Introduction du pasteur Billy Graham [1]

Le Dr King était un ami proche. J'ai connu ses parents au début de mon ministère, alors que nous menions une campagne d'évangélisation à Atlanta. Depuis la mort tragique du Dr King, son épouse et sa famille sont restés des amis. Il y a des années, il vint parler à notre équipe et son conseil fut d'une grande valeur pour notre travail au service du Seigneur.

Le Dr Martin Luther King Jr était connu dans le monde entier comme l'orateur le plus éloquent du Mouvement en faveur des droits civiques, comme un champion de la justice pour tous et, via la non-violence, comme le leader social le plus efficace du XXe siècle.

Ce responsable doué avait une profonde vocation, dont il disait simplement : « J'étais un prédicateur de l'Évangile. » C'est dans le cadre de l'exercice de son ministère que le Dr

1. Ce pasteur est très connu pour ses campagnes d'évangélisation à grande échelle, les fameuses croisades. Billy Graham commença à prêcher durant la Seconde Guerre mondiale comme évangéliste dans les Jeunesses pour le Christ. Des rassemblements-croisades à Los Angeles, en 1949, le propulsèrent comme évangéliste sur la scène internationale. C'est en 1950 qu'il fonde l'association évangélique qui porte son nom.

King concevait son engagement et sa vocation. Il comprenait d'ailleurs son investissement en tant que défenseur des droits civiques comme faisant partie de son ministère pour le Seigneur.

Ce sermon, « Pourquoi Jésus qualifia cet homme d'insensé », révèle d'une manière stimulante l'impact et la ferveur du prédicateur.

La vision du Dr King, son rêve, concernait l'éternité, tout en se mesurant au présent. L'insensé du sermon oublie de prendre acte du sens ultime de la vie, qui consiste à glorifier Dieu ; de même, cet insensé ne reconnaît pas que la source de toutes ses bénédictions réside dans le Seigneur Dieu.

Le sermon offre un parallèle aux nombreux problèmes auxquels fit face le Dr King. Il présente une perspective nouvelle de la lutte en faveur des droits civiques ; il offre une leçon de courage et de partage tout en incitant à agir pour la justice.

À la lecture de ce sermon, nous pouvons ressentir quel était le fardeau du prédicateur et ce que celui-ci éprouvait pour ses paroissiens. Le concept de l'homme tout entier révèle le souci d'un véritable prophète.

Un point crucial du sermon est que l'insensé omet de dépendre du Seigneur, comme l'illustre la propre « expérience de Dieu » du Dr King.

Il n'était pas suffisant de connaître Dieu grâce à ses pieux parents. Au cœur de la tempête des droits civiques, se souvient-il, « j'ai découvert que la religion devait devenir réelle pour moi et que je devais connaître Dieu pour moi-même ». C'est ainsi que, comme chacun peut le faire, le Dr King en vint à connaître personnellement « Celui qui lui promit de ne jamais l'abandonner, de ne jamais l'abandonner ».

C'est en répondant aux paroles du prédicateur que nous honorons le Dr Martin Luther King : en évitant la folie et en élevant nos yeux, comme il nous invite à le faire, vers la vision de la venue du Seigneur en gloire.

Pourquoi Jésus qualifia cet homme d'insensé [1]

Comme vous le savez, nous sommes engagés dans un combat difficile. Il y a cent quatre ans, Abraham Lincoln signait la Proclamation d'émancipation qui affranchissait les Noirs des liens de l'esclavage physique. Cent quatre ans ! Et toutefois nous sommes ici cent quatre ans plus tard, et le Noir n'est toujours pas libre ! Cent quatre ans ! Et nous avons encore des États, comme le Mississippi, où on lynche par caprice, où l'on assassine des Noirs à volonté. Cent quatre ans ! Et nous constatons, tragiquement, que l'immense majorité des Noirs de notre pays est en train de périr sur un îlot solitaire de pauvreté au milieu d'un vaste océan de prospérité matérielle. Cent quatre ans ! Et 50 % des familles noires de notre pays connaissent encore des conditions de logement bien au-dessous de la normale, le plus souvent dans des appartements au sol nu où ils

1. Sermon prononcé en l'église baptiste missionnaire du Mount Pisgah à Chicago (Illinois), le 27 août 1967. Cette prédication a été traduite pour la première fois dans le *Bulletin du Centre protestant d'études* de Genève en septembre 1988 ; nous reprenons et retouchons légèrement la traduction de Henry Mottu, que nous remercions vivement (N.d.T.).

cohabitent avec rats et cafards. Cent quatre ans ! Et alors même que nous vivons dans une nation fondée sur le principe que tous les êtres humains naissent égaux, certains en sont encore à discuter pour savoir si la couleur de la peau d'un homme détermine son être et sa personne. Eh bien, cela nous montre que nous avons encore un long, très long chemin à parcourir.

Et je vais encore avoir besoin de vos prières et de votre soutien. Parce que la période devant laquelle nous nous trouvons maintenant est plus difficile encore que celles que nous avons vécues dans le passé. Mais ce matin je ne suis pas venu à Pisgah pour y faire un discours sur les droits civiques. J'en fais très souvent ; je fais d'innombrables discours sur les droits civiques. Mais avant de devenir un dirigeant des droits civiques, j'étais un prédicateur de l'Évangile. C'était ma première vocation et cela reste mon engagement fondamental. Vous savez, tout ce que je fais dans le domaine des droits civiques, je le considère en réalité comme faisant partie de mon ministère. Je n'ai pas d'autre ambition dans la vie que d'exercer aussi bien que possible le ministère chrétien. Je n'ai pas l'intention de briguer la moindre responsabilité politique. Tout ce que j'ai l'intention de faire, c'est de rester prédicateur.

Et ce que je fais avec beaucoup d'autres dans ce combat provient de ma conviction qu'un prédicateur doit avoir le souci de l'être humain tout entier. Pas seulement de son âme, mais de son corps. C'est très bien de parler du ciel ; je le fais, car je crois fermement en l'immortalité. Mais il faut parler de la terre. C'est très bien de parler des longues robes blanches que nous revêtirons là-haut, mais je veux avoir de quoi m'habiller et me chausser dès ici-bas. C'est très bien de parler du pays où coulent le lait et le miel, au ciel, mais ici-bas je veux avoir à manger. C'est même très bien de parler de la nouvelle Jérusalem, mais il va falloir un de ces jours nous mettre à parler de la nouvelle Chicago, de la nouvelle Atlanta, de la nouvelle New York, de la nouvelle Amérique.

Toute religion qui proclame son souci des âmes, (*Bien*) sans se soucier des taudis qui dégradent les âmes, des conditions économiques qui les paralysent (*Oui*) et des autorités locales qui peuvent les perdre, est une religion stérile et morte, une religion bonne à rien, (*Oui. Amen*) qui a besoin de sang neuf.

Je viens donc à vous ce matin pour parler de quelques grandes intuitions de l'Écriture en général et du Nouveau Testament en particulier. Et voici le sujet de ma prédication : Pourquoi Jésus traita-t-il un homme d'insensé ? (*Oui*) Pourquoi Jésus a-t-il appelé un homme insensé ? (*Oui*)

Je veux partager avec vous un petit récit dramatique tiré de l'évangile selon saint Luc [1]. C'est l'histoire d'un homme que, d'après l'échelle habituelle des valeurs, (*Oui. Parle, Doc, parle*) on peut considérer comme ayant réussi. (*Oui*) Et pourtant Jésus le traite d'insensé. (*Oui*) Si vous lisez cette parabole, vous découvrirez que le personnage central du drame est un homme riche. (*Oui*) Cet homme était très riche parce que sa ferme produisait d'énormes récoltes. En fait, ces récoltes étaient même si abondantes qu'il ne savait plus qu'en faire. Il se dit alors qu'il ne lui restait qu'une solution : construire de nouveaux greniers, plus grands, pour y conserver toutes ses récoltes. (*Oui*) Puis, en y repensant, il se dit : « Je vais faire encore autre chose, une fois ces nouveaux greniers construits, j'y entreposerai tous mes biens, toutes mes récoltes, et je dirai à mon âme : mon âme, tu as beaucoup de biens en réserve pour plusieurs années. Prends du bon temps, mange, dors et réjouis-toi. » (*Oui*) Ce frère pensait que c'était là le but de la vie. (*D'accord*)

Or, la parabole ne s'arrête pas sur la résolution prise par cet homme, (*Seigneur*) mais sur la parole que Dieu lui dit (*Oui*) : « Insensé que tu es ! (*Oui*) Non pas l'année prochaine, non pas la semaine prochaine, non pas demain mais cette nuit même, (*Oui*) ton âme te sera redemandée. » (*Oui*)

Et alors, ayant atteint la prospérité, le summum de la prospérité, l'homme mourut. Réfléchissons à cette parabole. (*Oui*) Méditons-la. (*Oui*) Pensons à cet homme. (*Oui*) S'il vivait à

1. Luc 12, 13-21 (N.d.T.).

Chicago aujourd'hui, on le considérerait comme un caïd. (*Seigneur*) Il aurait un immense prestige social et une énorme influence. (*Oui*) On le traiterait avec respect, parce que possesseur de quelque chose qu'on appelle l'argent. (*Oui*) Et c'est cet homme-là qu'un paysan galiléen a eu l'audace d'appeler insensé ! (*Oui*)

Mais attention ! Jésus n'a pas traité cet homme d'insensé parce qu'il aurait fait rentrer malhonnêtement tout cet argent. Rien dans la parabole n'indique que l'homme était malhonnête et qu'il aurait abusivement gagné cet argent en exploitant autrui. Il semble, en fait, que c'était un gros travailleur, débrouillard, économe, et doté apparemment d'un minimum d'humanité. Ce n'est donc pas parce qu'il aurait gagné de l'argent par des moyens malhonnêtes que Jésus le traite d'insensé.

Et rien ici n'indique que Jésus le traite ainsi parce qu'il était riche. D'ailleurs, Jésus n'a jamais prononcé de condamnation universelle contre toutes les richesses. Un jour, il est vrai, un jeune notable riche vint lui poser des questions sur la vie éternelle, et Jésus lui dit de vendre tout [1]. Mais c'était alors un traitement chirurgical individuel que Jésus prescrivait dans ce cas précis ; il ne formulait pas de diagnostic universel. Vous savez que Jésus a raconté aussi une autre parabole, celle d'un homme très riche appelé Dives [2], qui finit par aller en enfer. Cependant rien non plus dans cette parabole n'indique que Dives se retrouva en enfer parce qu'il était riche. En fait, quand il arriva en enfer, il eut une conversation avec un homme qui se trouvait au ciel. À l'autre bout de cette ligne téléphonique à longue distance entre l'enfer et le ciel, se trouvait Abraham... côté ciel. Eh bien, relisez l'Ancien Testament : Abraham était un homme très, très riche ! Il ne s'agit donc pas là d'un millionnaire en enfer parlant à un pauvre dans les cieux, mais d'un

1. Luc 18, 18-27 (N.d.T.) ; Matthieu 19, 16-26 ; Marc 10, 17-27.

2. Luc 16, 19-31, la parabole du riche et de Lazare. « Il y avait un homme riche » (v. 19). Note de la TOB : « Quelques témoins anciens lui donnent un nom : *Nevès*. » (N.d.T.).

petit millionnaire en enfer s'adressant à un multimillionnaire au ciel. Jésus n'a donc pas traité cet homme d'insensé à cause de son argent.

Essayons donc ensemble de déchiffrer la *vraie* raison pour laquelle Jésus a traité cet homme de fou. S'il le traite de fou, c'est tout d'abord parce qu'il a séparé les moyens par lesquels il vit des fins pour lesquelles il vit. (*Oui*) Vous savez que chacun d'entre nous vit dans deux sphères : la sphère du privé, la sphère intérieure, et la sphère publique, extérieure. (*Oui*) La sphère intérieure, c'est le domaine des fins spirituelles qui s'expriment dans l'art, la littérature, la religion, la morale. L'extérieure, c'est l'ensemble des moyens, des outils qui nous permettent de vivre : la maison que nous habitons, la voiture que nous conduisons, les vêtements que nous portons, l'argent que nous accumulons ; bref, toutes les choses matérielles qui sont nécessaires à notre existence. (*Seigneur*)

Mais le problème, c'est que nous devons toujours faire la distinction entre les deux domaines. (*Seigneur*) Eh bien, l'homme de la parabole est insensé parce qu'il n'a pas fait cette distinction.

L'autre jour, à Atlanta, une femme a eu un accident de voiture ; lorsque son mari a reçu le coup de téléphone lui annonçant cet accident sur l'autoroute, sa première question a été de savoir quels dégâts avait subis sa Cadillac ! Aucune question sur l'état de sa femme ! Cet homme-là est fou. Parce qu'il a laissé sa voiture devenir plus importante qu'une personne. Il n'était pas insensé parce qu'il possédait une Cadillac, mais parce qu'il adorait sa Cadillac. Il avait laissé un véhicule devenir plus important que Dieu.

Dans la vie, nous devons savoir que nous avons d'abord à chercher le Royaume de Dieu. Alors, tout le reste, vêtements, maisons, voitures, nous sera donné par surcroît [1]. Mais le problème, c'est que beaucoup de gens ne parviennent pas à donner la priorité aux choses les plus importantes. Ils n'établissent pas

1. *Cf.* Matthieu 6, 33 (N.d.T.).

la moindre ligne de démarcation entre les objets de la vie et les finalités de la vie.

L'homme de la parabole était fou d'avoir laissé les moyens nécessaires à son existence prendre le pas sur les finalités mêmes de sa vie ; fou d'avoir donné la place maximale au minimum, et minimale au maximum ; fou d'avoir laissé sa technologie distancer sa théologie ; fou d'avoir fait passer ses désirs, sa mentalité, avant sa moralité. Prisonnier de son attachement à ses moyens d'existence, il était devenu incapable de trouver le chemin des vraies valeurs. Il ne faisait aucun don aux droits civiques ; (*Oui*) il regardait l'humanité souffrante en spectateur sans se sentir concerné. (*Oui*)

Sa bibliothèque contenait peut-être des livres passionnants, mais il ne les lisait jamais. Il avait peut-être de beaux disques de musique ancienne, qu'il n'écoutait jamais. Et peut-être offrait-il à sa femme des manteaux de vison et des voitures décapotables, mais il ne lui donnait pas ce dont elle avait le plus besoin, de l'amour et de l'affection. (*Oui*) Il donnait probablement de quoi manger à ses enfants, mais il ne s'en occupait pas. Il ne les aimait pas vraiment. Il regardait sûrement la beauté des étoiles, mais cela ne le touchait guère. Il avait entendu parler des grandes œuvres de la philosophie ou de la poésie, mais il ne les lisait ni ne les comprenait vraiment – ou ne voulait pas les comprendre. Ainsi, cet homme méritait bien son titre, il était perpétuellement insensé, (*Oui*) car dans sa vie il avait laissé les moyens l'emporter sur les fins. (*Oui*)

Deuxièmement, cet homme était fou de n'avoir pas reconnu sa dépendance vis-à-vis d'autrui. (*Oui*) Si vous relisez cette parabole dans l'évangile de Luc, vous constaterez que sur les soixante mots que notre homme utilise, il emploie *je* et *moi* plus de quinze fois ! (*Seigneur*) Cet homme est fou de tellement dire *je* et *moi* qu'il n'est plus capable de dire *nous* et *notre*. (*Oui*) Il ne reconnaît pas qu'il ne peut rien faire de lui-même. Il parle comme s'il pouvait construire lui-même un grenier ou cultiver lui-même la terre, oubliant de reconnaître que la richesse de l'un est toujours le résultat de la richesse commune.

Peut-être n'avez-vous jamais pensé qu'avant d'avoir quitté la maison, le matin, vous êtes déjà tributaire de la plus grande partie du monde. Vous vous levez, vous allez à la salle de bains et vous saisissez une éponge : elle vous a été procurée par un habitant d'une île du Pacifique. Vous prenez une serviette : elle vous vient de Turquie. Le savon vous vient de France. Une fois habillé, vous vous précipitez à la cuisine, et le petit café que vous allez prendre vous est arrivé d'Amérique latine ; si vous préférez du thé, il a été cueilli en Chine, ou du cacao, en Afrique occidentale. Vous recevez vos toasts des mains d'un paysan de langue anglaise, sans oublier le boulanger. Avant même la fin du petit déjeuner, vous vous trouvez dépendre de plus de la moitié du monde.

Eh bien, mes amis, je veux que vous ne l'oubliiez pas. Peu importe où vous êtes aujourd'hui : quelqu'un vous a aidés à y arriver ; (*Oui*) peut-être une personne ordinaire, faisant un métier ordinaire d'une façon extraordinaire. Quelques-uns d'entre vous ont pu faire des études ; mais vous n'y êtes pas arrivés tout seuls. N'oubliez pas ceux qui vous ont aidés. (*Oui*)

Vous connaissez cette femme superbe, qui incarne toute la beauté de la race et de la culture noires, Marian Anderson [1]. Certains d'entre vous l'ont vue. Marian a débuté, petite fille, dans la chorale de l'Église baptiste de Philadelphie, en Pennsylvanie. Puis vint le jour glorieux où elle réussit à percer. Un soir qu'elle chantait au Carnegie Hall avec l'orchestre philharmonique de New York – de sa voix sans pareille –, elle termina le concert par un *Ave Maria* ; ce fut tellement beau que le public la rappela à plusieurs reprises et qu'elle finit par chanter *Nobody Knows the Trouble I've Seen* [2]. Sa mère, qui était assise dans le public, se mit à pleurer. Des larmes coulaient sur ses joues, et la personne assise à côté d'elle lui demanda : « Madame Anderson, pourquoi pleurez-vous ? Votre fille a un

1. Marian Anderson (1902-1993), célèbre cantatrice noire (N.d.T.).
2. Célèbre negro-spiritual. *Cf.* p. 92 et 199 (N.d.T.).

tel succès ce soir, et demain les critiques la couvriront de fleurs. Pourquoi donc pleurez-vous ? »

Mme Anderson, en larmes, la regarda et lui répondit : « Je ne pleure pas de tristesse, mais de joie. » Et elle ajouta : « Peut-être ne vous en souvenez-vous pas... mais moi, je me rappelle que, lorsque Marian était petite, je travaillais comme cuisinière. J'avais les mains tout abîmées, les sourcils brûlés. Je travaillais là pour que Marian puisse continuer ses études. Et je me souviens qu'un jour Marian vint vers moi et me dit : "Maman, je ne veux plus te voir travailler comme ça." Je lui répondis : "Ma chérie, ne t'inquiète pas, je le fais pour toi, car je sais que, toi, tu feras de grandes choses." »

Bien des années plus tard, quelqu'un demanda à Marian : « Mademoiselle Anderson, quel a été le plus beau jour de votre vie ? Est-ce celui où vous avez débuté au Carnegie Hall ? » Marian répondit : « Non, pas du tout.

– Est-ce celui où vous avez chanté devant les rois et les reines d'Europe ?

– Non, dit-elle.

– Est-ce alors le jour où le grand Sibelius, de Finlande, déclara que sa demeure était trop petite pour contenir une voix si ample ?

– Non, non, ce ne fut pas ce jour-là.

– Peut-être alors le jour où Toscanini déclara qu'une voix comme la vôtre, il n'y en qu'une par siècle ?

– Non, dit-elle, sûrement pas.

– Mais alors, Mademoiselle Anderson, quand ? »

Elle leva les yeux et d'une voix tranquille : « Le plus beau jour de ma vie, dit-elle, ce fut celui où j'ai pu dire à ma mère : "Maintenant, maman, tu peux t'arrêter de travailler." »

Marian Anderson avait pris conscience qu'elle avait pu devenir ce qu'elle était parce que quelqu'un l'y avait aidée.

C'est cela, en un sens plus large, qui doit se passer dans notre monde d'aujourd'hui. Nos frères blancs doivent se rendre compte de ce que, jusqu'à présent, ils n'ont pas su voir. Car, voici le grand problème auquel notre nation fait face dans le domaine racial : c'est l'homme noir qui, dans une large mesure, a produit la richesse de cette nation. (*D'accord*) Or, cette nation n'a pas encore compris qu'il lui faut partager sa richesse et son pouvoir avec ceux-là mêmes qui l'ont faite ce qu'elle est. (*D'accord*) Je sais ce dont je parle ce matin. (*Oui*) Ce sont les Noirs qui ont fait la richesse de l'Amérique. (*Oui*)

Dès les origines, nous étions là ; et c'est pourquoi, je vous le dis tout net, je ne vais pas m'en aller ailleurs. Ils peuvent bien nous conseiller de partir – certains même parlent d'un État séparé, ou de retourner en Afrique ! J'aime beaucoup l'Afrique, c'est la patrie de nos ancêtres. Mais je ne connais pas votre point de vue. Mon grand-père et mon arrière-grand-père ont trop fait pour construire ce pays pour que je puisse parler de le quitter. [*Applaudissements*] Nous étions là avant même que les Pères fondateurs aient accosté à Plymouth, en 1620. (*Oh ! oui*) Avant que Jefferson [1] ait gravé à tout jamais dans l'histoire les paroles majestueuses de la Déclaration d'indépendance, nous étions là. (*C'est vrai*) Avant qu'aient été écrites celles de notre hymne national, nous étions là. Durant plus de deux siècles, nos ancêtres ont travaillé cette terre sans gagner le moindre salaire. Ils ont cultivé le coton et la canne. Avec leurs mains et leur dos, ils ont travaillé à construire des docks et des usines d'une solidité à toute épreuve, et les demeures impressionnantes du Sud. (*Seigneur*)

Et maintenant, ce pays nous dit que nous ne savons pas construire ! Les Noirs sont exclus de presque tous les métiers de la construction, lesquels restent blancs comme neige. Et pourquoi ? Parce que ces métiers sont payés six, sept, huit, neuf et même dix dollars l'heure, et qu'on ne veut pas que les Noirs touchent cela. [*Applaudissements*] Mais moi, je pense que si l'on ne fait pas rapidement et massivement quelque chose dans ce domaine, le même jugement va tomber sur l'Amérique : « Insensée que tu es ! »

L'homme de la parabole prétendait ne pas savoir que faire

1. Thomas Jefferson (1743-1827), troisième président des États-Unis (N.d.T.).

de ses biens ; il en avait trop ! Oh, comme je souhaiterais avoir pu le conseiller ! (*Seigneur*) Je lui aurais indiqué de nombreux lieux où aller, de nombreuses choses à faire. Car il y avait des ventres affamés à nourrir, des poches vides à remplir. Aujourd'hui, mes amis, l'Amérique est riche. (*Seigneur*) Nous avons nous aussi nos greniers, et chaque jour notre riche pays en construit d'autres plus grands. Nous dépensons chaque jour des millions de dollars pour stocker nos surplus de denrées comestibles. Mais laissez-moi dire à l'Amérique : « Je sais où vous pouvez stocker toute cette nourriture sans dépenser un sou : (*Oui*) dans les estomacs rétrécis des millions d'enfants de Dieu, en Asie, en Afrique, en Amérique latine et dans notre propre pays, qui tous les soirs vont au lit le ventre vide. » (*Oui*)

Oui, que de fous autour de nous, (*Seigneur, aide-le*) qui ne reconnaissent pas combien ils dépendent d'autrui !

En dernier lieu, cet homme a été insensé de n'avoir pas pris conscience de sa dépendance par rapport à Dieu. (*Oui*) Avez-vous remarqué qu'il parle comme s'il pouvait ordonner le rythme des saisons ? Comme s'il pouvait faire pleuvoir sur le sol pour le rendre fertile ? (*Oui*) Comme s'il avait le pouvoir de faire tomber la rosée ? Il était fou, car il a fini par agir comme s'il était le Créateur (*Oui*) et non une créature. (*Amen*)

Mais la folie de cet homme, elle sévit encore aujourd'hui. En fait, les choses en sont venues à un point tel que certains aujourd'hui parlent même de la mort de Dieu ! Moi, ce qui me préoccupe, c'est qu'on ne m'en a même pas informé ! J'aurais au moins assisté aux funérailles de Dieu ! Alors, je voudrais bien leur poser une question, à ces gens-là : quel officier de police a constaté le décès ? Combien de temps a-t-il été malade ? A-t-il succombé à un infarctus, ou est-il mort d'un cancer ? À ces questions, personne n'a apporté de réponse. Je continue donc à croire et je sais que Dieu est vivant. Tant qu'il y a de l'amour, Dieu est vivant. Tant qu'il y a de la justice, Dieu est vivant. Certes, certaines conceptions de Dieu doivent disparaître. Mais pas Dieu. Dieu est le nom suprême de la vie, pas un adjectif. Il est le sujet suprême de la vie, pas un verbe.

Il est la clause suprême, indépendante, et non une clause dépendante. Toutes choses dépendent de lui, mais lui-même ne dépend de rien.

Un jour où Moïse se trouvait aux prises avec cette question [1], Dieu l'envoya déclarer à son peuple : « JE SUIS t'envoie » ; Moïse, perplexe, Lui rétorqua : « Que dois-je donc dire au peuple ? » [Dieu] répondit : « Va, et dis-leur que JE SUIS t'a envoyé. Et si tu as besoin d'un peu plus d'information, fais-leur savoir que mon seul nom est JE SUIS QUI JE SUIS. » Dieu seul, cet être unique dans l'univers, peut affirmer : « Je suis » et s'arrêter là. Chaque fois que, moi, je dis « je suis », je dois ajouter « à cause de... » : à cause de mes parents, à cause de mon milieu, à cause de mon hérédité ; et chacun d'entre vous doit ce qu'il est à cause de quelque chose. Mais Dieu est la vie suprême. Dieu, la puissance qui tient l'univers entier dans la paume de sa main, est le seul être qui peut affirmer « Je suis », un point c'est tout. Et ne jamais y revenir. Ne soyez pas assez fous pour l'oublier !

Vous savez, beaucoup de gens oublient Dieu. Ils ne le font pas systématiquement, comme certains l'ont fait à travers leurs théories, ou à travers cette théologie de la mort de Dieu, mais ils se laissent prendre simplement par d'autres choses. (*Oui*) Tant de gens se laissent prendre par leurs comptes en banque ou leurs voitures coûteuses qu'inconsciemment ils en oublient Dieu. Tant de gens en viennent à être si éblouis par les lumières de la ville allumées par la main de l'homme qu'ils en oublient la grande lumière cosmique qui se lève chaque matin à l'Est et, telle une princesse se promenant dans son palais, s'avance majestueusement dans le bleu du ciel en y peignant tout en Technicolor. Voilà une lumière que l'homme n'aurait jamais pu faire ! D'autres personnes sont tellement occupées à contempler les gratte-ciel des grandes villes qu'elles en oublient de penser aux énormes montagnes qui embrassent le ciel, comme pour baigner leurs sommets dans le bleu altier. Cela non plus,

1. *Cf.* Exode 3, 13-14 (N.d.T.)

l'homme n'a jamais pu le faire ! D'autres encore – et ils sont nombreux ! – s'intéressent tellement à la télévision et aux radars qu'ils en oublient de penser aux magnifiques étoiles qui ornent les cieux, telles des lanternes suspendues là pour l'éternité, telles des épingles d'argent piquées dans un admirable coussin bleu. Encore quelque chose que l'homme n'aurait jamais pu créer. Tant de gens, en définitive, en sont arrivés à s'imaginer qu'ils vont pouvoir faire advenir un monde nouveau par leurs propres efforts, oubliant que la terre appartient au Seigneur, et toute sa plénitude. Alors ils finissent par aller et venir indéfiniment sans Dieu.

Mais ce matin, je vous le dis, mes amis : il est impossible d'en finir avec Lui. Tout notre savoir moderne n'ôtera pas un iota à l'être de Dieu ; et, de même, le microcosme atomique ou l'immensité des espaces interstellaires, de l'espace intersidéral, ne pourront jamais Le rendre insignifiant. L'homme moderne a beau vivre dans un univers dont on calcule les distances en années-lumière, dont les étoiles sont à des milliards de kilomètres de la terre, et que les planètes sillonnent à des vitesses incroyables, il ne peut que s'écrier avec le psalmiste : « Quand je vois les cieux, œuvre de tes mains, et tout ce que Tu as créé, qu'est-ce donc que l'homme pour que Tu penses à lui et le fils de l'homme pour que Tu te souviennes de lui [1] ? »

Dieu est toujours là. Un de ces jours, vous allez avoir besoin de Lui. (*Seigneur*) Les problèmes de la vie vont se mettre à vous submerger, et les déceptions à déferler comme un raz de marée à votre porte ; (*Oui*) si vous n'avez pas une foi profonde et patiente, (*Bien*) vous n'arriverez pas à vous en sortir. (*Seigneur*) Je le sais par expérience. (*Oui*) Les vingt-cinq premières années de ma vie ont été très confortables : vingt-cinq années de bonheur, pendant lesquelles je n'ai eu aucun souci. J'avais une mère et un père merveilleux, qui avaient les moyens de donner tout le nécessaire à leurs enfants. J'ai pu faire mes études, sans être obligé de quitter l'école pour travailler. Et je

1. Psaume 8, 4-5 (N.d.T.).

n'étais pas loin de dire que, pour moi, la vie avait été comme un magnifique cadeau de Noël.

Bien sûr, j'étais pratiquant. J'ai grandi dans une communauté chrétienne, je suis fils de pasteur, mon grand-père était pasteur, mon arrière-grand-père était pasteur, mon seul frère est pasteur, le frère de mon père est pasteur – j'imagine que je n'ai pas eu tellement le choix ! [*Rires*] J'ai donc grandi dans l'Église, ce qui avait un sens très réel pour moi, mais c'était une sorte de religion héritée, et je n'avais pas fait (*Mon Seigneur*) l'expérience de Dieu sur les chemins solitaires de cette vie. (*Ouais*) Tout allait bien, et si je rencontrais un problème, je pouvais toujours appeler papa. Mon père terrestre. Et les choses s'arrangeaient.

Mais un jour – je venais de terminer mes études –, je fus appelé à prêcher dans une petite église du Sud, à Montgomery, dans l'Alabama. Tout marchait bien dans cette église, et ce fut une expérience merveilleuse. Or, une année plus tard, une dame nommée Rosa Parks décida que ça suffisait comme ça et elle refusa de céder sa place dans un bus. Vous ne vous en souvenez peut-être pas, parce que cela remonte à plusieurs années, mais cet événement marqua le début d'un mouvement où l'on vit cinquante mille Noirs, hommes et femmes, refuser catégoriquement de monter dans les bus de la ville. Pendant trois cent quatre-vingt-un jours, (*Oui, M'sieur*) nous sommes allés à pied côte à côte. Voilà ce que nous avons à apprendre, ici, au Nord. Les Noirs doivent apprendre à agir ensemble. Nous sommes restés solidaires. [*Applaudissements*] Nous avions lancé notre appel, et pas un seul Noir ne prit le bus. De ma vie, c'est la chose la plus extraordinaire que j'ai vue ! Alors les gens de Montgomery me demandèrent d'être leur porte-parole. Et quand le président de la nouvelle organisation qui venait de se créer, l'Association pour la promotion [des Noirs] à Montgomery me demanda de diriger le boycott, je ne pus refuser. Et nous avons commencé le combat ensemble. (*Ouais*)

Les premiers jours, tout se passa bien, mais dix ou quinze jours après, quand les Blancs de Montgomery comprirent que nous étions déterminés à agir, ils commencèrent à nous faire des coups tordus, (*Oui*) comme lancer des coups de téléphone anonymes, au point que, parfois, je recevais chaque jour plus de quarante coups de fil, menaçant ma vie, celle de ma famille ou de mes enfants. Pendant quelque temps, je pris la chose avec courage.

Mais une nuit, je ne l'oublierai jamais, il était tard, aux environs de minuit – et l'on peut faire d'étranges expériences à minuit –, (*Oui, M'sieur*) j'avais été retenu par le comité d'organisation. Quand je rentrai, ma femme était couchée, et je tombai de fatigue dans mon lit, pensant prendre un peu de repos avant de poursuivre le travail, le lendemain. Et c'est alors que le téléphone sonna. Je pris l'appareil, et j'entendis une horrible voix qui disait en substance : « Écoute, sale nègre, on en a marre de toi et de ton merdier. Si, dans trois jours, tu n'as pas quitté cette ville, on te fait sauter la cervelle, et ta maison avec. » (*Seigneur Jésus*)

J'avais souvent entendu cela auparavant, mais je ne sais pourquoi, cette fois-ci, ces paroles m'atteignirent. Je me retournai et j'essayai de dormir, mais en vain. (*Oui*) J'étais atterré, égaré. Je me levai pour aller à la cuisine me faire un peu de café, pensant que cela me calmerait un peu. Je me mis alors à réfléchir à beaucoup de choses. À la théologie et à la philosophie que je venais d'étudier à l'université, en essayant de trouver des raisons philosophiques et théologiques à l'existence et à la réalité du mal et du péché, mais la réponse ne vint pas tout à fait de ce côté-là. Assis à cette table, je pensai à la belle petite fille née un mois auparavant. Nous avons quatre enfants maintenant, mais à l'époque nous n'en avions qu'un. Soir après soir, j'accourais à la maison pour admirer son doux petit sourire. Maintenant, assis à cette table, je pensai à cette petite fille, et je me disais qu'elle pouvait m'être enlevée d'un instant à l'autre. (*Continue*) Je pensai à ma femme aussi, si dévouée, si consacrée, qui dormait là, à côté. (*Oui*) Elle aussi pouvait m'être enlevée, ou peut-être était-ce moi qui allais être enlevé ;

et tout cela, maintenant, je ne pouvais plus le supporter. J'étais au bout du rouleau. (*Oui*)

Et quelque chose alors me dit : « Tu ne peux pas appeler ton père ce soir ; il est à Atlanta, à 300 kilomètres d'ici. (*Oui*) Tu ne peux même pas appeler ta mère. (*Mon Seigneur*) Tu ne peux plus qu'en appeler à ce quelque chose, à cette personne dont ton père t'a maintes fois parlé. (*Oui*) Cette force qui peut ouvrir un chemin là où il n'y a pas d'issue [1]. (*Oui*) Je me rendis compte alors qu'il fallait que la religion devienne pour moi une réalité, et que je connaisse Dieu pour moi-même. (*Oui, M'sieur*) J'inclinai la tête devant cette tasse de café – ça, je ne l'oublierai jamais ! (*Oui*) Et je me mis à prier. Je priai à haute voix cette nuit-là, (*Oui*) et je dis : « Seigneur, me voici, essayant de faire ce qu'il faut faire. (*Oui*) Je pense avoir raison. Je pense que la cause que nous représentons est juste. (*Oui*) Mais, Seigneur, je dois avouer qu'aujourd'hui je suis au bout du rouleau, je suis en train de craquer, de perdre courage. (*Oui*) Je ne peux pourtant pas laisser les gens me voir ainsi, parce que s'ils me voient faible et découragé eux aussi vont commencer à faiblir. » (*Oui*) Je voulais le lendemain matin pouvoir me présenter avec le sourire devant le comité exécutif.

À cet instant, je crus entendre une voix intérieure me dire : (*Oui*) « Martin Luther, (*Oui*) lève-toi ! (*Oui*) Lève-toi pour le droit, (*Oui*) lève-toi pour la justice, (*Oui*) lève-toi pour la vérité ! (*Oui*) Et je serai avec toi. (*Oui*) Même jusqu'à la fin du monde. »

Oui, je vous le dis, j'ai vu l'éclair. J'ai entendu le grondement du tonnerre. J'ai senti les forces du mal se jeter sur moi, essayant de s'emparer de mon âme. Mais j'ai entendu la voix de Jésus me disant de poursuivre le combat. Il a promis de ne jamais m'abandonner, de ne jamais me laisser seul. Non, jamais seul. Jamais seul. Il a promis de ne jamais m'abandonner, (*Jamais*) de ne jamais me laisser seul.

---

1. « That power that can make a way out of no way. » Expression typiquement noire pour évoquer Dieu. *Cf.* également p. 93 (N.d.T.)

Et maintenant, je marche, en croyant en Lui. (*Oui*) Vous aussi, il vous faut Le connaître, connaître son nom. Et savoir L'appeler par son nom. (*Oui*) Vous ne connaissez peut-être pas la philosophie. Vous ne pouvez peut-être pas dire avec Alfred North Whitehead qu'il est le « principe de concrétude », ou avec Hegel et Spinoza qu'il est le « Tout absolu ». Vous ne savez peut-être pas dire avec Platon qu'il est le « bien architectonique » ou avec Aristote qu'il est « le premier moteur immobile ».

Mais, si vous le connaissez, vous allez pouvoir en parler en poètes. Vous commencerez à comprendre que nos frères et nos sœurs du passé avaient raison. Parce qu'ils Le connaissaient comme un rocher au milieu d'une contrée déserte. Comme un refuge au temps de la famine. Comme ma source d'eau quand je suis assoiffé. Comme mon pain au sein de la disette. Et alors, même si vous ne pouvez pas dire cela, vous allez parfois avoir à dire : « Il est tout pour moi. Il est ma sœur et mon frère. Ma mère et mon père. » Si vous croyez cela, si vous le savez, vous n'aurez plus jamais à marcher dans les ténèbres.

Ne soyez pas insensés ! Reconnaissez votre dépendance de Dieu ! (*Oui, Seigneur*) Quand les jours deviennent sombres et les nuits lugubres, dites-vous bien qu'il y a là-haut un Dieu qui règne.

Ainsi, je ne m'inquiète pas pour demain. Je suis parfois las et fatigué, le futur m'apparaît difficile et troublé, mais je ne suis pas fondamentalement inquiet parce que j'ai foi en Dieu. Il y a bien des siècles, Jérémie posait cette question : « N'y a-t-il pas de baume en Galaad, pas de médecin là-bas [1] ? » Il s'interrogeait, parce qu'il voyait si souvent souffrir les hommes justes et bons, et prospérer les méchants. (*Oui, M'sieur*) Longtemps après, nos arrière-grands-parents esclaves eurent à leur tour (*Oui, M'sieur*) à affronter les injustices de la vie : jour après jour, rien d'autre n'apparaissait à l'horizon que le fouet en cuir du surveillant, les longues rangées de cotonniers dans

1. Jérémie 8, 22 (N.d.T.).

la chaleur étouffante ; mais ils firent une chose étonnante : se reportant des siècles en arrière, ils se saisirent du point d'interrogation de Jérémie et en firent un point d'exclamation. Alors ils purent chanter : « Il y a un baume en Galaad pour guérir les blessés ! Il y a un baume en Galaad pour guérir l'âme du péché [1] ! » Il y a une autre strophe que j'aime beaucoup : « Quelquefois (*Ouais*) je me sens découragé. » (*Oui*)

Oui, j'ose aujourd'hui vous avouer que parfois le courage me manque. (*C'est vrai*) À Chicago, j'étais découragé. Quand je traverse le Mississippi, la Géorgie et l'Alabama, je suis découragé. (*Oui*, *M'sieur*) De vivre chaque jour sous les feux de la critique la plus acerbe – qui me vient même des Noirs ! –, je me sens parfois découragé. [*Applaudissements*] Oui, parfois je me sens découragé et je me dis : mon œuvre est vaine. Mais alors l'Esprit saint (*Oui*) fait revivre mon âme [2]. « Il y a un baume en Galaad pour guérir les blessés ! Oui, il y a un baume en Galaad pour guérir l'âme malade du péché ! » Que Dieu vous bénisse. [*Applaudissements*]

1. Paroles d'un negro-spiritual paraphrasant sous forme *affirmative* le texte cité du prophète Jérémie (8, 22) : « Il y a un baume en Galaad pour rétablir les blessés. Il y a un baume en Galaad pour guérir l'âme malade du péché » (N.d.T.).

2. Autre strophe de ce même negro-spiritual (N.d.T.).

9

L'instinct du tambour-major

Introduction du pasteur Robert M. Franklin [1]

Quel genre d'homme était-il ? Il consacra sa vie à Dieu et devint un extraordinaire témoin du christianisme au service du bien commun. Étonnamment, il laissa quelques consignes pour son oraison funèbre. Vous souvenez-vous de l'image qu'il retint pour parler de lui-même dans ce sermon ? Il parlait de sa vie et de son ministère public comme de ceux d'un « tambour-major de la justice ».

Vous pouvez imaginer tout l'intérêt que je porte personnellement à ce sermon intitulé « L'instinct du tambour-major ». J'ai pensé que ce sermon ouvrirait, peut-être, une porte d'accès à la compréhension que King avait de lui-même. C'est certainement le cas, mais il y a plus : il offre de profondes réflexions sur les défis auxquels chacun d'entre nous est quotidiennement confronté.

Les grands maîtres en prédication et en art dramatique nous rappellent que tout bon sermon, toute bonne pièce ou histoire

---

1. Le pasteur Robert Franklin est le président du Centre théologique interdénominationnel situé à Atlanta. Son ouvrage, *Another Day's Journey : Black Churches Confronting the American Crisis*, a été publié en octobre 1997.

utilise au moins trois éléments : une situation, un problème et sa résolution. Dans ce sermon, nous découvrons un discernement théologique, des perspectives en sciences sociales et le talent littéraire de King. Il expose la situation de deux personnages bibliques tiraillés par leur ego affamé. Puis la situation se complique pour l'auditeur, car il suggère que cette faim, tant personnelle que communautaire, est humaine. Nous connaissons tous l'instinct du tambour-major, le désir d'être les premiers, de mener la parade. King fait un usage brillant de cette métaphore en en décrivant les conséquences négatives, telles que le racisme, l'oppression des classes et le militarisme. Il mène plus loin encore la réflexion en mentionnant son propre besoin d'être remarqué, offrant avec humour l'autoportrait d'un homme vulnérable. Le prédicateur nous invite à témoigner de la conclusion inattendue du texte. Comme Jésus, le Dr King savait raconter une histoire et surprendre ses auditeurs.

Ce sermon résonne avec force et clarté au sein d'une culture marquée par un individualisme forcené en quête de grandeur et d'immortalité. Nous ne voulons pas entendre de telles paroles, tant nous habite le désir de mener la parade. Mais en se décrivant comme un tambour-major de la justice, King nous prend au dépourvu en révélant une formule susceptible de donner une expression légitime et noble à nos désirs et nos ambitions.

En tant que président du plus important séminaire noir des États-Unis, je suis heureux de célébrer et d'inciter les jeunes ministres à égaler une telle qualité de réflexion, évidente ici et dans d'autres sermons de ce recueil, dans lesquels psychologie, sociologie, économie et théologie se confrontent et se mêlent de façon stimulante. Le Dr King était un intellectuel de foi et, compte tenu du pouvoir de l'action qui accompagnait ses idées, il peut être considéré comme le plus grand intellectuel religieux du XXe siècle. Notre culture a faim de bonnes prédications et d'actions publiques justes. Soyons tous mis au défi par cette invitation à devenir des tambours-majors de la justice.

L'instinct du tambour-major [1]

Ce matin, je voudrais choisir pour sujet de mon sermon « L'instinct du tambour-major ». Et notre texte de [ce] jour est tiré d'un passage bien connu du chapitre 10 de saint Marc, commençant au verset 35 : Jacques et Jean, les fils de Zébédée, s'approchent de Jésus et lui disent : « Maître, nous voudrions que tu fasses pour nous ce que nous allons te demander. » Il leur dit : « Que voulez-vous que je fasse pour vous ? » Ils répondirent : « Accorde-nous de siéger dans ta gloire l'un à ta droite et l'autre à ta gauche. » Jésus leur dit : « Vous ne savez pas ce que vous demandez. Pouvez-vous boire la coupe que je vais boire, ou être baptisés du baptême dont je vais être baptisé ? » Ils lui dirent : « Nous le pouvons. » Jésus leur dit : « La coupe que je vais boire, vous la boirez et du baptême dont je vais être baptisé, vous serez baptisés. Mais, quant à siéger à ma droite ou à ma gauche, il ne m'appartient pas de l'accorder : ce sera donné à ceux pour qui cela est préparé. » Puis, vers la

1. Sermon prononcé en l'église baptiste d'Ebenezer à Atlanta, le 4 février 1968. Nous reprenons ici la traduction de Marc Saporta en la retouchant légérement (in M.L. King, *Je fais un rêve*, Paris, Bayard Éditions, 1987, p. 215-234).

fin du passage, Jésus conclut : « Il n'en est pas ainsi parmi vous. Au contraire, si quelqu'un veut être grand parmi vous, qu'il soit votre serviteur. Et si quelqu'un veut être le premier parmi vous, qu'il soit l'esclave de tous. »

Le contexte est clair. Jacques et Jean présentent une requête spécifique au Maître. Comme la plupart des Hébreux, ils ont rêvé à la venue d'un roi d'Israël qui libérerait Jérusalem, établirait son royaume sur le mont Sion et gouvernerait le monde avec équité. Ils ont pensé que Jésus serait ce genre de roi. Et c'est en pensant au jour où Jésus régnerait au-dessus de tous et où il serait le nouveau roi d'Israël, qu'ils lui demandèrent : « Quand tu établiras ton royaume, accorde-nous de siéger dans ta gloire, l'un à ta droite et l'autre à ta gauche. »

Or, voilà que nous nous hâtons de condamner automatiquement Jacques et Jean, et nous serions prêts à les accuser d'égoïsme. Quel besoin ont-ils de présenter une requête si égoïste ? Mais avant de les condamner trop vite, examinons-nous calmement et honnêtement et nous découvrirons que nous éprouvons, nous aussi, ces mêmes désirs fondamentaux de voir nos mérites reconnus, d'avoir de l'importance, ce même désir d'attirer l'attention, ce même désir d'être les premiers. Bien sûr, les autres disciples en ont voulu à Jacques et à Jean, ce que vous pouvez comprendre ; mais il nous faut tous saisir que Jacques et Jean nous ressemblent un peu. Car un instinct existe au plus profond de chacun de nous. C'est en quelque sorte l'instinct du tambour-major – le désir de se pousser en avant, le désir de conduire le cortège, le désir d'être le premier. Et c'est quelque chose qui dirige tout un registre de notre vie.

Aussi, avant de les condamner, reconnaissons que nous possédons tous l'instinct du tambour-major. Nous voulons tous être importants, surpasser les autres, obtenir que l'on nous distingue, parader en tête du cortège. Le grand psychanalyste Alfred Adler prétend même que c'est notre pulsion dominante. Sigmund Freud avait coutume de dire que notre pulsion dominante était la sexualité, mais Adler a introduit un nouvel élément en affirmant que la pulsion dominante, le besoin essentiel de l'existence humaine, c'était le désir d'être connu, le désir d'attirer l'attention, le désir de se voir distingué entre tous – l'instinct du tambour-major.

Comme vous le savez, nous commençons très tôt à demander à la vie de nous mettre en vedette. Le premier pleur d'un bébé sert à attirer l'attention. Pendant toute l'enfance, la pulsion ou l'instinct du tambour-major constitue en nous une obsession majeure. Les enfants demandent à la vie de leur accorder la vedette. Chacun est un petit paquet d'ego. La pulsion du tambour-major, l'instinct du tambour-major est inné en eux.

Pendant notre vie d'adulte, il est encore en nous et nous ne le surmontons jamais vraiment. Nous aimons faire une bonne action. Et, vous le savez, nous aimons en être loués. Si vous ne le croyez pas, poursuivez votre petit bonhomme de chemin et vous découvrirez bientôt que vous aimez la louange. En fait, tout le monde aime ça. Et d'une façon ou d'une autre, ce rayon dont nous ressentons la chaleur quand on nous loue ou quand nous voyons notre nom imprimé, c'est une sorte de vitamine A pour notre ego. Nul ne se plaint des louanges, même s'il sait qu'il ne les mérite pas et même s'il ne croit pas ceux qui le louent. Les seuls que la louange rend malheureux sont ceux qui voient un excès de louanges accordées à autrui. (*C'est vrai*) Mais tous aiment être loués, en raison même de l'instinct du tambour-major.

L'existence de l'instinct du tambour-major est la raison pour laquelle tant de gens sont opportunistes. Vous savez qu'il existe des gens qui adhèrent tout bonnement à n'importe quoi. C'est vraiment chez eux un besoin d'attirer l'attention, de se faire connaître, de se donner de l'importance. Ils obtiennent ainsi une étiquette qui leur donne cette impression. Ils appartiennent à un groupe, ils en deviennent le grand patron ; et le petit bonhomme qui se voit harcelé chez lui par sa femme a besoin d'une occasion d'être le meilleur des meilleurs de quelque chose. C'est la pulsion ou l'instinct du tambour-major qui dirige toute la gamme des activités de la vie humaine. Aussi voyons-nous partout cette recherche de la notoriété. Aussi adhéronsnous à n'importe quoi, à trop de choses en vérité, en pensant que nous allons en tirer de la notoriété.

L'existence de cet instinct explique également pourquoi nous sommes si souvent piégés par les annonceurs publicitaires. Vous connaissez ces maîtres de la persuasion verbale massive. Ils ont une façon de dire les choses qui vous pousse à acheter. Pour être un homme distingué, il vous faut boire tel whisky. Pour susciter l'envie des voisins, il vous faut rouler dans tel type de voiture. (*Dis-le clairement*) Pour être séduisante et séduire, il vous faut utiliser telle sorte de rouge à lèvres ou telle marque de parfum. Et vous le savez, avant de vous en rendre compte, vous voilà en train d'acheter le produit. Ainsi procèdent les annonceurs publicitaires.

L'autre jour, j'ai reçu une lettre – il s'agissait de la parution d'un nouveau magazine – commençant ainsi : « Cher pasteur King, comme vous le savez, vous figurez sur bien des listes d'adresses. Et vous êtes considéré comme un homme de progrès, très intelligent, ami des arts et des sciences, et je sais que vous aurez envie de lire ce que nous écrirons. » Bien sûr, j'en avais envie. Après qu'on m'avait présenté les choses ainsi et qu'on avait fait de moi ce portrait, j'avais évidemment envie de lire le magazine. [*Rires*]

Mais parlons plus sérieusement ; la vie nous révèle que l'instinct du tambour-major existe bien. (*Oui*) Et savez-vous ce qu'il en résulte encore ? Il nous entraîne souvent à vivre au-dessus de nos moyens. (*Dis-le clairement*) Ce n'est rien que l'instinct du tambour-major. N'avez-vous jamais vu des gens acheter des voitures qu'ils ne peuvent même pas commencer de payer si l'on s'en tient à leurs revenus ? (*Amen*) [*Rires*] Vous avez vu des gens rouler en Cadillac et en Chrysler alors qu'ils ne gagnent même pas de quoi posséder une bonne Ford T. (*Dis-le clairement*) Mais cela flatte leur ego réprimé.

Vous le savez, les économistes vous disent que le prix de votre voiture ne devrait pas dépasser la moitié de votre revenu annuel. Si vous gagnez par exemple cinq mille dollars par an, votre voiture ne devrait pas vous coûter plus de deux mille cinq cents dollars. Voilà de la saine gestion économique. Et s'il s'agit d'une famille de deux personnes qui gagnent en tout dix mille dollars, il leur faut se contenter d'une seule voiture. Ce serait de la bonne gestion économique, bien que souvent désagréable. Mais si souvent... n'avez-vous pas vu des gens qui gagnent cinq mille dollars et conduisent une voiture qui en coûte six mille ? Et ils se demandent pourquoi ils ne peuvent joindre les deux bouts. [*Rires*] C'est la réalité.

Les économistes vous disent également que votre maison ne devrait pas vous coûter à l'achat plus de deux fois le montant de votre revenu annuel. C'est une observation fondée sur des études économiques et c'est ainsi que vous pourrez joindre les deux bouts. Certes, avec un revenu de cinq mille dollars, la chose est difficile dans notre société. Mais s'il s'agit d'une famille dont le revenu est de dix mille dollars, la maison ne devrait pas coûter plus de vingt mille dollars. Mais j'ai vu des gens qui gagnaient dix mille dollars par an et vivaient dans une maison de quarante-cinq mille dollars. Vous pouvez bien imaginer qu'ils s'en tiraient à peine. Quand ils recevaient leur chèque à la fin du mois, ils étaient déjà endettés pour toute la somme avant même que le chèque arrive. Il ne leur restait rien à économiser en cas de pépin.

Ce problème est réel, c'est l'instinct du tambour-major. Vous le savez, vous voyez des gens, tant et plus, saisis par l'instinct du tambour-major. Ils passent leur vie à tenter d'épater le voisin. (*Amen*) Il leur faut acheter ce manteau parce qu'il est d'une qualité un petit peu meilleure et d'allure un petit peu plus élégante que celui de Mary. Et je dois rouler dans telle voiture parce qu'elle est légérement supérieure à celle du voisin. (*Amen*) Je connais un homme qui habitait une maison de trente-cinq mille dollars. Quand d'autres ont commencé à construire des maisons de trente-cinq mille dollars, il s'en est construit une de soixante-quinze mille, et après une autre de cent mille dollars. Je ne sais comment ça va finir s'il continue de passer sa vie à vouloir faire mieux que le voisin.

Il arrive un moment où l'instinct du tambour-major peut

devenir destructeur. (*Dis-le clairement*) Et c'est à cela que je veux en venir maintenant. Je veux aller jusqu'à dire que si cet instinct n'est pas tenu en laisse, il devient très dangereux et très pernicieux. Par exemple, s'il n'est pas tenu en laisse, il peut finir par déformer la personnalité. Je pense que c'est son aspect le plus néfaste – son effet sur la personnalité. S'il n'est pas tenu en laisse, vous finirez un jour ou l'autre par tenter de résoudre vos problèmes d'ego par l'esbrouffe. Avez-vous entendu parler de gens – vous savez, je suis sûr que vous en avez rencontré – qui se rendent insupportables parce qu'ils passent leur temps à parler d'eux-mêmes ? (*Amen*) Ils se vantent et ils se vantent et ils se vantent ; telle est la personne qui n'a pas réussi à dominer en elle l'instinct du tambour-major.

Celui-ci exerce d'autres effets néfastes sur la personnalité. Il vous pousse à mentir, parfois à propos de vos relations. (*Amen. Dis-le clairement*) Il y a des gens qui sont en quête d'influence. Et afin de satisfaire en eux l'instinct du tambour-major, il leur faut tenter de faire croire qu'ils connaissent des célébrités ou prétendues telles. (*Ouais. Dis-le clairement*) Et si vous n'y prêtez pas attention, ils vous feront croire qu'ils fréquentent des gens qu'en réalité ils ne connaissent pas. (*Amen*) Ils prétendent être liés avec eux, prendre le thé en leur compagnie, et ceci, et cela ; ça arrive.

Un autre effet de l'instinct du tambour-major, c'est qu'il vous pousse à vous engager dans certaines activités simplement pour attirer l'attention. Les criminologues nous disent que des gens sont poussés au crime à cause d'un tel instinct. Ils trouvent qu'ils n'attirent pas suffisamment l'attention par les voies normales du comportement social et certains se tournent vers des comportements antisociaux afin d'attirer l'attention sur eux et de se sentir importants. (*Ouais*) Et ils se procurent une arme. Et avant de savoir ce qu'ils font, les voilà qui dévalisent une banque par besoin de notoriété, par besoin d'importance.

Et la dernière grande tragédie qu'entraîne une déformation de la personnalité, c'est que, si l'on n'arrive pas à dominer cet instinct, (*Gloire à Dieu*) on finit par essayer de rabaisser les autres pour se rehausser soi-même. (*Amen*) Et si vous agissez ainsi, vous vous engagez dans certaines activités plus vicieuses. Vous répandrez les ragots les plus mal intentionnés, vicieux, menteurs, à propos de gens que vous voulez rabaisser afin de vous rehausser vous-mêmes. (*Dis-le clairement*) La grande affaire de la vie est de maîtriser l'instinct du tambour-major.

L'autre problème, c'est que, si vous ne tenez pas cet instinct en laisse – sa partie non maîtrisée –, vous tomberez dans un snobisme élitiste. (*Dis-le clairement*) Et vous savez que c'est le risque des clubs mondains et des fraternités. J'appartiens à une fraternité, et même à deux ou trois. Je ne suis pas contre les fraternités, sororités et autres associations du même genre. Je dis seulement qu'elles présentent un risque, celui d'entraîner des préjugés de classe et un certain esprit de sélection dont vous tirez quelque satisfaction pour la seule raison d'appartenir à un groupe fermé ; et cela remplit un besoin, vous le savez, de pouvoir dire : j'appartiens à une fraternité, et c'est la meilleure du monde, et tout le monde ne peut pas y entrer... et cela finit par engendrer, vous le savez, des espèces de groupes très fermés.

Et vous savez, cela peut arriver à une Église. J'ai connu des Églises qui s'étaient parfois laissé coincer comme ça. (*Amen. Dis-le clairement*) Et l'on y disait : « Nous avons tant de docteurs et tant d'enseignants et tant d'avocats et tant d'hommes d'affaires dans notre Église. » C'est très bien parce que les docteurs ont besoin d'aller à l'église, de même que les enseignants, les avocats et les hommes d'affaires – il faut qu'ils appartiennent à une Église. Mais il arrive que l'on s'en vante, et parfois le pasteur lui-même en fait autant, comme si les autres fidèles ne comptaient pas. (*Amen*)

Or l'Église est le seul endroit où un médecin doit oublier qu'il est médecin. L'Église est le seul endroit où le titulaire d'un doctorat doit oublier ses diplômes. (*Oui*) L'Église est le seul endroit où un enseignant doit oublier ses titres universitaires. L'Église est le seul endroit où l'avocat doit oublier qu'il est avocat. Et toute Église qui oublie le principe suivant, « qui frappe à la porte, laissez-le entrer », est une Église froide, une Église morte, (*Oui*) ce n'est rien qu'un petit club mondain avec un mince vernis de religiosité.

Quand une Église est fidèle à sa vraie nature, (*Hou*) elle dit : « Qui frappe à la porte, laissez-le entrer. » (*Oui*) Et elle ne se propose pas de favoriser les aspects pervers de l'instinct du tambour-major. C'est le seul endroit où chacun devrait avoir la même importance que les autres devant le même maître et sauveur. (*Oui, M'sieur*) Et où tous le reconnaissent, par le fait même que tous les hommes sont frères, étant les enfants (*Oui*) d'un même père.

L'instinct du tambour-major peut conduire à un esprit élitiste ; il peut pousser quelqu'un à se croire, en raison de son éducation, un peu au-dessus de la personne qui en est dépourvue ; ou, parce qu'il a une situation économique assurée, un peu au-dessus de celui qui en est dépourvu. Tel est l'effet pervers, non maîtrisé, de l'instinct du tambour-major.

Une autre chose, c'est qu'il mène – nous l'avons vu bien souvent – à un dramatique préjugé racial. On a beaucoup écrit sur ce problème, Lillian Smith [1] en a merveilleusement parlé dans certains de ses livres ; elle en a parlé si bien qu'elle a conduit des hommes et des femmes à voir quelle était la source du problème. Savez-vous que l'instinct du tambour-major engendre maints problèmes raciaux ? C'est le besoin qu'ont certaines personnes de se sentir supérieures. Le besoin qu'ont certaines personnes de passer les premières, de sentir que la blancheur de leur peau leur donne le droit de passer les premières. (*Dis-le clairement, parc' qu' j'suis contre, aide-moi, mon Dieu*) Et elles l'ont dit et répété encore et encore, tant et si bien que nous nous voyons par leurs yeux. En fait, il n'y a pas très longtemps, un homme, dans le Mississippi, a affirmé que Dieu était membre fondateur du Conseil des citoyens blancs. De sorte que, si Dieu est membre fondateur de ce grou-

1. Lillian Eugenia Smith (1897-1966), écrivain américain qui apporta très tôt son soutien à King et au Mouvement en faveur des droits civiques (N.d.T.).

pement, tous les adhérents sont revêtus d'une sorte de divinité, une sorte de supériorité. Et pensez à ce qui s'est passé dans l'Histoire, par suite de cette perversion de l'instinct du tambour-major : elle a engendré les préjugés les plus dramatiques, les manifestations les plus dramatiques de l'inhumanité de l'homme envers l'homme.

L'autre jour je disais – j'essaie toujours de faire quelques conversions, quand je suis en prison. Et, quand nous étions en prison, à Birmingham, l'autre jour, les gardiens blancs avaient plaisir à venir dans notre cellule pour parler du problème racial. Et ils nous exposaient pourquoi nous avions tellement tort de manifester. Et ils nous expliquaient pourquoi la ségrégation était si justifiée. Et ils nous montraient pourquoi les mariages mixtes étaient si mauvais. Aussi me suis-je mis à prêcher et nous nous sommes mis à parler – calmement, parce qu'ils avaient envie d'en parler. Et nous en sommes venus, un jour – c'était le deuxième ou troisième jour –, à parler de l'endroit où ils vivaient et de ce qu'ils gagnaient. Et quand ces gens, qui sont nos frères, nous ont dit ce qu'ils gagnaient, je leur ai dit : « Vous savez quoi ? Vous devriez manifester avec nous. [*Rires*] Vous êtes juste aussi pauvres que les Noirs. » Et je leur ai dit : « On vous emploie à soutenir vos oppresseurs. C'est en raison de vos préjugés et de votre aveuglement que vous ne voyez pas comment les forces qui oppriment les Noirs dans la société américaine oppriment aussi les Blancs les plus pauvres. Et tout ce qui vous console de vivre, c'est la satisfaction de vous croire importants parce que vous êtes blancs. Mais vous êtes si pauvres que vous ne pouvez envoyer vos enfants à l'université. Vous devriez sortir dans la rue et manifester avec chacun de nous, chaque fois que nous avons une manifestation. »

C'est un fait que le Blanc pauvre a été mis dans cette situation où, en raison de ses préjugés et de son aveuglement, (*Dis-le clairement*) on le contraint à soutenir ses oppresseurs. Et la seule chose qui le console, c'est le fallacieux sentiment de supériorité qu'il tire de la blancheur de sa peau. Moyennant quoi, il peut à peine se nourrir et joindre les deux bouts, semaine après semaine. (*Amen*)

Et c'est non seulement vrai des luttes raciales, c'est également vrai des luttes entre les nations. Je voudrais vous montrer ce matin que ce qui cloche dans le monde d'aujourd'hui, c'est que les nations du monde sont engagées dans un combat âpre et colossal pour la suprématie. Et si quelque chose ne survient pas pour arrêter ce courant, je crains tristement que nous n'en ayons plus encore pour bien longtemps, à parler de Jésus Christ, de Dieu et de la fraternité. (*Ouais*) Si quelqu'un ne met pas fin à cet élan suicidaire que nous observons dans le monde aujourd'hui, aucun d'entre nous ne sera plus là pour en parler, car, pour couronner nos bévues insensées, quelqu'un commettra l'erreur de lâcher une bombe nucléaire quelque part, de sorte qu'une autre bombe sera lâchée aussi. Et ne vous laissez leurrer par personne, cela peut être l'affaire de quelques secondes. (*Amen*) Il existe en Russie, en ce moment même, des bombes de vingt mégatonnes capables de détruire une ville aussi grande que New York en trois secondes et de balayer toute la population, tous les bâtiments. Et nous pouvons en faire autant en Russie et en Chine.

Pourtant, c'est vers cela que nous dérivons, et nous dérivons dans cette direction parce que les nations sont en proie à l'instinct du tambour-major. « Je dois être le premier. » « Je dois avoir la suprématie. » « Notre nation doit gouverner le monde. » (*Prêche-le*) Et j'ai la tristesse de dire que le pays où nous vivons est le plus coupable de tous. Et je continuerai de le dire à l'Amérique, parce que j'aime trop mon pays pour le voir dériver ainsi.

Dieu n'a pas appelé l'Amérique à faire ce qu'elle fait dans le monde aujourd'hui. (*Prêche-le, prêche-le*) Dieu n'a pas appelé l'Amérique à s'engager dans une guerre insensée et injuste comme la guerre du Viêt-nam. Nous nous conduisons de façon criminelle dans cette guerre. Nous avons commis presque plus de crimes de guerre qu'aucun autre pays au monde, et j'ai l'intention de continuer à le dire. Et nous ne nous arrêterons pas à cause de notre orgueil national, de notre arrogance nationale.

Mais Dieu a sa façon de remettre les nations à leur place. (*Amen*) Le Dieu que j'adore a sa façon de dire : « Ne jouez pas avec moi. » (*Oui*) Il a sa façon de dire, comme le Dieu de l'Ancien Testament avait l'habitude de le dire aux Hébreux : « Ne joue pas avec moi, Israël ; ne joue pas avec moi, Babylone. (*Oui*) Tiens-toi tranquille et sache que Je suis Dieu. Et si tu ne mets pas un terme à tes agissements impudents, Je me dresserai et Je briserai l'échine de ta puissance. » (*Oui*) Et cela peut arriver à l'Amérique. (*Oui*) De temps à autre, je relis l'ouvrage de Gibbon [1], *Le déclin et la chute de l'Empire romain*. Et quand je contemple l'Amérique, je me dis à moi-même que les parallèles sont effrayants. Et nous avons perverti l'instinct du tambour-major.

Mais laissez-moi me hâter vers ma conclusion, car je veux vous faire voir ce que Jésus voulait vraiment dire. Quelle a été la réponse de Jésus à ces hommes ? Elle est très intéressante. On pourrait penser que Jésus aurait dit : « Restez à votre place. Vous êtes trop égoïstes. Pourquoi poser une telle question ? »

Mais ce n'est pas ce qu'a fait Jésus. Il a fait quelque chose de très différent. Il a dit en substance : « Oh, je vois, vous voulez être les premiers. Vous voulez être grands. Vous voulez être importants. Vous voulez être pris en considération. Eh bien, vous devez avoir tout cela. Si vous voulez être mes disciples, il faut qu'il en soit ainsi. » Mais il a changé l'ordre des priorités et il a dit : « Non, ne renoncez pas à votre instinct. C'est un bon instinct, si vous en usez convenablement. (*Oui*) C'est un bon instinct, si vous ne le détournez pas, si vous ne le pervertissez pas. (*Oui*) N'y renoncez pas. Continuez de ressentir le besoin d'être importants, d'être les premiers. Mais je veux que vous soyez les premiers par l'amour. (*Amen*) Je veux que vous soyez les premiers par la valeur morale. Je veux que vous soyez les premiers par la générosité. Voilà ce que j'attends de vous. »

---

1. Edward Gibbon (1737-1794), historien anglais (N.d.T.).

Et il a transformé la situation en donnant une nouvelle définition de la grandeur. Et savez-vous comment il l'a dit ? Il a dit alors : « Mes frères, il ne m'appartient pas de vous conférer cette grandeur. Et, en réalité, je ne peux faire que vous soyez les premiers. » Voilà ce que Jésus a dit à Jacques et à Jean. « Vous devez le mériter. La vraie grandeur ne vient pas du favoritisme, mais du mérite. Et d'être assis à ma droite ou à ma gauche, ce n'est pas à moi de l'accorder, si ce n'est à ceux qui s'y sont préparés. » (*Amen*)

Et Jésus nous a donné une nouvelle norme de grandeur. Vous voulez être importants – merveilleux. Vous voulez être reconnus – merveilleux. Mais reconnaissez que celui qui est le plus grand parmi vous sera votre esclave. (*Amen*) Telle sera désormais votre nouvelle définition de la grandeur.

Et ce matin, ce qui me plaît là-dedans, en donnant cette définition de la grandeur, c'est que, dans ce sens, tout le monde peut être grand. (*Tout le monde*) Parce que tout le monde peut servir. (*Amen*) Pour servir, vous n'avez pas besoin d'avoir un diplôme de baccalauréat. (*D'accord*) Pour servir, vous n'avez pas besoin d'accorder sujet et verbe. Pour servir, vous n'avez pas besoin de connaître Platon et Aristote. Pour servir, vous n'avez pas besoin de comprendre la théorie d'Einstein sur la relativité. Pour servir, vous n'avez besoin ni d'être fort en physique ni de connaître la seconde théorie de la thermodynamique. (*Amen*) Vous avez seulement besoin d'un cœur touché par la grâce, (*Oui, M'sieur. Amen*) d'une âme engendrée par l'amour. (*Oui*) Et vous pouvez être ce serviteur.

Je connais un homme dont je voudrais parler une minute et peut-être découvrirez-vous de qui je veux parler, chemin faisant, (*Ouais*) car c'est un grand homme. Il s'est contenté de servir. Il est né dans un obscur village ; (*Oui, M'sieur*) il était le fils d'une pauvre paysanne. Et il a grandi dans un autre village non moins obscur, où il a travaillé comme charpentier jusqu'à trente ans. (*Amen*) Alors, pendant trois ans, il s'est mis à marcher ; c'était un prédicateur itinérant. Et puis il s'est mis à faire des choses. Il n'avait pas grand-chose. Il n'a jamais écrit de livre. Il n'a jamais eu de fonction officielle. Il n'a jamais fondé de famille. (*Oui*) Il n'a jamais possédé de maison. Il n'est jamais allé à l'université. Il n'a jamais visité de grande ville. Il ne s'est jamais écarté de plus de trois cents kilomètres de l'endroit où il était né. Il n'a fait aucune des choses que le monde associe à l'idée de grandeur. Il ne représentait que lui-même.

Il avait trente-trois ans quand le courant de l'opinion se retourna contre lui. On l'accusa de vouloir soulever la populace. On l'accusa de fomenter des troubles. On dit qu'il était un agitateur. (*Gloire à Dieu*) Il pratiquait la désobéissance civile ; il violait les injonctions judiciaires. C'est ainsi qu'il fut livré à ses ennemis et soumis à une parodie de procès. L'ironie du sort voulut qu'il fût livré par ses propres amis. (*Amen*) L'un de ses amis les plus proches le renia. Un autre de ses amis le livra à ses ennemis. Et pendant qu'il était en train de mourir, ceux qui le tuaient jouaient entre eux son vêtement, le seul bien qu'il possédât en ce monde. (*Seigneur, aide-le*) Quand il mourut, on l'enterra dans une fosse d'emprunt, grâce à la commisération d'un ami.

Dix-neuf siècles se sont écoulés et c'est aujourd'hui la personne qui, de toute l'histoire de l'humanité, exerce le plus d'influence. Toutes les armées qui aient jamais marché au combat, tous les vaisseaux qui aient jamais navigué, tous les parlements qui aient jamais siégé et tous les rois qui aient jamais régné (*Oui*) n'ont pas, à eux tous, affecté la vie de l'homme sur la terre (*Amen*) autant que l'a fait la vie de ce solitaire. Son nom peut vous être familier. (*Jésus*) Mais aujourd'hui je les entends parler de lui. De temps à autre, quelqu'un dit : « C'est le roi des rois. » (*Oui*) Et je peux en entendre un autre déclarer : « C'est le Seigneur des seigneurs. » Ailleurs, j'entends un troisième dire : « En Christ, il n'y a ni Est ni Ouest. » (*Oui*) Et ils continuent et ils causent : « En Lui, il n'y a ni Nord ni Sud, mais une seule grande fraternité d'amour d'un bout à l'autre du vaste monde. » Il ne possédait rien. (*Amen*) Il se contentait de servir et de faire le bien.

Ce matin, vous pouvez obtenir d'être assis à sa droite ou à sa gauche ; il vous suffit de servir. (*Amen*) C'est le seul moyen.

De temps à autre, je sens que nous pensons tous, avec réalisme, (*Oui, M'sieur*) à ce jour où nous serons les victimes de ce qui est le commun dénominateur final de la vie – ce quelque chose que nous appelons la mort. Nous y pensons tous. Et de temps à autre, je pense à ma propre mort, et je pense à mes propres funérailles. Et je n'y pense pas de façon morbide. De temps à autre, je m'interroge : « Quelles paroles voudrais-je que l'on prononce à cette occasion ? » Et je vous livre la réponse ce matin.

Si l'un de vous se trouve à proximité quand mon tour viendra, je ne veux pas de longues funérailles. Et si vous trouvez quelqu'un pour prononcer mon oraison funèbre, dites-lui de ne pas parler trop longtemps. (*Oui*) De temps à autre, je me demande ce que je voudrais qu'il dise. Dites-lui de ne pas mentionner que j'ai reçu le prix Nobel de la paix, c'est sans importance. Dites-lui de ne pas mentionner que j'ai eu trois ou quatre cents autres prix, c'est sans importance. Dites-lui de ne pas mentionner où j'ai fait mes études. (*Oui*)

Je voudrais que quelqu'un mentionne, ce jour-là, que Martin Luther King Jr a tenté de consacrer sa vie à servir les autres. (*Oui*)

J'aimerais que quelqu'un dise, ce jour-là, que Martin Luther King Jr a tenté d'aimer quelqu'un.

Je veux que vous disiez, ce jour-là, que j'ai tenté de voir clair à propos de la guerre. (*Amen*)

Je veux que vous puissiez dire, ce jour-là, que j'ai tenté de nourrir ceux qui avaient faim [1]. (*Oui*)

Et je veux que vous puissiez dire, ce jour-là, que j'ai tenté, dans ma vie, de vêtir ceux qui étaient nus. (*Oui*)

Je veux que vous disiez, ce jour-là, que j'ai tenté dans ma vie de rendre visite à ceux qui étaient en prison. (*Seigneur*)

1. *Cf.* Matthieu 25, 31-46 (N.d.T.).

Je veux que vous puissiez dire que j'ai tenté d'aimer et de servir l'humanité. (*Oui*)

Oui, si vous voulez dire que j'étais un tambour-major, dites que j'étais un tambour-major de la justice. (*Amen*) Dites que j'étais un tambour-major de la paix. (*Oui*) J'étais un tambour-major du bon droit. Et tout le reste, tout ce qui est superficiel, ne comptera pas. (*Oui*) Je ne laisserai pas d'argent derrière moi. Je ne laisserai derrière moi aucun de ces objets qui font le luxe ou la beauté de la vie. Je ne veux laisser derrière moi qu'une vie de dévouement. (*Amen*) Et c'est tout ce que je voulais dire.

Si je peux aider quelqu'un au passage,
Si je peux égayer quelqu'un avec un mot ou une chanson,
Si je peux montrer à quelqu'un qu'il est sur une mauvaise pente,
Alors je n'aurai pas vécu en vain.

Si je peux faire mon devoir de chrétien,
Si je peux travailler au salut de ce monde,
Si je peux répandre le message comme me l'a enseigné mon maître,
Alors je n'aurai pas vécu en vain [1].

Oui, Jésus, je veux être assis à ta droite ou à ta gauche, (*Oui*) mais pas pour des raisons égoïstes. Je veux être à ta droite, du meilleur côté, mais pas pour des raisons de politique, de royauté ou d'ambition ; je veux tout juste être là dans l'amour, la justice et la vérité, et le dévouement à autrui, pour que nous puissions faire de ce vieux monde un monde nouveau.

1. Ces paroles sont celles d'un *Gospel song*, *If I Can Help Somebody*, composé par Alma Androzzo et bien connu des auditeurs de King (N.d.T.).

10

Rêves irréalisés

Introduction du Dr Vincent Harding [1]

Le moment est important : tard dans l'hiver, début 1968, juste un mois avant que la balle d'un assassin n'atteigne finalement sa cible, après une longue trajectoire. Abordant les ténèbres, vivant dans l'ombre, anticipant peut-être la lumière fugace et éternelle, notre frère avait besoin de partager ses propres réflexions, ses convictions, ses espoirs. Où cela pouvait-il être mieux qu'à Ebenezer, devant la communauté qui le connut avant qu'il ne se connût lui-même, en présence de la grande famille de foi dont l'amour pouvait offrir un espace à son fils internationalement reconnu et revenu à la maison pour exprimer des choses que seule une famille douée de compassion était susceptible de recevoir ? Aux autres, il donna des discours et prêcha partout dans le monde à propos de rêves superbes, et parfois de cauchemars, mais ce n'est qu'à la maison qu'il

1. Le Dr Vincent Harding, directeur exécutif honoraire du Centre King, est professeur à l'École de théologie Iliff de Denver depuis quinze ans et actuellement coprésident du Centre Gandhi-Hame-King pour l'étude des religions et pour un renouveau démocratique à Iliff. Il est l'auteur de nombreux ouvrages, dont *Martin Luther King, The Inconvenient Hero* et *There is a River*.

estima possible de partager la réalité déchirante de ces « rêves irréalisés ».

Et encore, même (surtout ?) à la maison, il trouva difficile de confesser explicitement le fond de son cœur. Était-ce parce qu'il avait à peine trente-huit ans et qu'il se rendait compte qu'il n'irait probablement pas au bout de la mission qu'il avait entamée dix ans plus tôt, la mission de « sauver l'âme de l'Amérique », celle de libérer les Noirs et les Blancs, les riches et les pauvres, afin qu'ils deviennent eux-mêmes meilleurs, compatissants, courageux et démocrates ? Était-ce cela qu'il voulait dire, qu'il voulait partager avec ses bien-aimés anciens, tous les jeunes et les familles membres du chœur ? Était-ce cela qu'il voulait dire à Daddy [1] King, derrière lui en chaire, et à Momma[1] à l'orgue ?

Il voulait, c'est clair, exprimer quelque chose à sa communauté bien-aimée au sujet de la schizophrénie de son être, à propos de la « guerre civile » qu'il menait en son cœur, et de la relation troublante de sa vie aux paroles du poète : « Je vois et approuve le meilleur de la vie, mais j'accomplis le pire [2]. » Il ressentait le besoin de confesser combien il avait failli lui-même et fauté, en public, dans l'arène où chacun pouvait constater ses efforts admirables pour construire les temples de droiture, de justice et de paix. Où chacun pouvait constater l'implacable opposition et l'ombre de la mort qui semblaient l'envelopper.

Mais ici, dans les beaux murs sans prétention d'Ebenezer, il ressentait le besoin de confier le tourment de son âme. Comme une intense flamme d'intégrité brûlait en son sein, plus profondément que tous les feux destructeurs de sa propre guerre civile, il avait besoin de parler haut et fort à sa communauté bien-aimée. Sa façon la plus directe de s'exprimer fut la suivante : « Vous n'aurez pas besoin ce jour-là de dire que Martin Luther King était un saint. Oh ! non... je veux que vous sachiez

1. Affectueux surnoms donnés à ses parents (N.d.T.).

2. Allusion à Ovide, poète latin, et à une citation tirée des *Métamorphoses*, livre VII (N.d.T.).

ce matin que je suis un pécheur comme tous les enfants de Dieu. Mais je veux être un homme bon [1]. »

Voilà. Inutile de connaître les détails de sa guerre intérieure, nombre d'entre nous ont vu clairement sur son visage ce conflit interne, ils l'ont perçu dans sa voix. Nous l'avons reconnu en partie parce qu'il ressemblait à nos propres luttes. Cette dernière année, Martin paraissait plus cerné, fatigué et désespéré que je ne l'avais jamais vu auparavant. Et il est clair que ce n'étaient pas seulement ses ennemis extérieurs qui étaient à l'œuvre. C'est pourquoi, à Ebenezer, il avait besoin de se confesser, parce qu'il voulait être un homme bien – ce qu'il était vraiment en réalité.

Mais la confession ne s'adressait pas d'abord à nous, ses amis ou sa paroisse, comme chacun d'entre nous est aux prises avec les feux de ses propres guerres civiles. En dernier lieu, à travers nous, au-delà de nous, il s'adressait à Dieu, cherchant à croire que, dans cette ultime rencontre, il serait reçu avec amour, non comme quelqu'un qui a échoué, mais comme un homme au cœur juste, animé d'un profond désir de droiture, un homme dont l'engagement total fournirait le plus profond contexte à ses rêves irréalisés, tant personnels que communautaires. Ce grand espoir l'habitait probablement lorsque le 4 avril 1968, pour la dernière fois de son existence, il entendit son chant préféré : « Précieux Seigneur, prends ma main, conduis-moi, donne-moi la force de me lever. Je suis au bout du rouleau, je suis fatigué, je suis déchiré. Au travers de la tempête, au travers de la nuit, conduis-moi vers la lumière... [2] »

Je suis convaincu que la foi de Martin en l'amour divin, total et étonnant, fut récompensée. Car, sept ans après sa mort, je le vis en rêve. C'était surprenant : toute la tension, toute la division que reflétaient son visage et ses yeux les derniers mois de son existence, tout cela avait disparu. Remplacé par une paix,

1. *Cf.* sa prédication « L'instinct du tambour-major », p. 175 de ce recueil (N.d.T.).

2. Premières paroles du *Gospel song* composé par Thomas Dorsey, compositeur noir américain (1899-1993), et intitulé *Precious Lord, Take my Hand* (N.d.T.).

une paix profonde que je n'avais jamais revue depuis ma première rencontre avec lui en 1958. Dans ce rêve, il me regardait sans parler, alors que je savais qu'il disait : « C'est en ordre, Vincent. Mon âme est en paix. » D'une certaine façon, ce message me suffit largement, à moi et à nous tous, pour toujours.

Rêves irréalisés [1]

Je veux prêcher ce matin à partir du thème « Rêves irréalisés ». « Rêves irréalisés. » Je tire mon texte du premier livre des Rois, chapitre 8, qui parfois est sauté. Ce n'est pas l'un des passages les plus familiers de l'Ancien Testament. Mais Je n'oublierai pas la première fois où il retint mon attention. Il me frappa comme un passage ayant un sens universel tant il parle de façon ramassée de notre expérience. David, comme vous le savez, était un grand roi. Et l'un des grands projets que David avait à l'esprit et au cœur était de construire un grand temple. Une telle construction était considérée comme une action des plus significatives pour le peuple hébreu, et le roi était censé accomplir une telle entreprise. David en avait le désir, il commença.

Et nous en arrivons au passage qui est l'objet du chapitre 8, où l'on peut lire : « Et David, mon père, avait à cœur de bâtir une maison pour le nom du Seigneur, le Dieu d'Israël. Mais le

---

1. Sermon prononcé le 3 mars 1968 en l'église baptiste d'Ebenezer à Atlanta, Géorgie.

Seigneur dit à David, mon père : “Tu as eu à cœur de bâtir une maison pour mon nom et tu as bien fait, car c'était dans ton cœur [1].” » Et c'est précisément ce dont je veux vous parler ce matin : « Il est bon que tu aies cela à cœur. » Comme pour dire : « David, tu n'es pas capable de finir le temple. Tu ne seras pas capable de le construire. Mais Je veux te bénir, car c'était dans ton cœur. Ton rêve ne se réalisera pas. Les espoirs grandioses qui t'ont guidé ne s'accompliront pas en termes de temple actuel que tu réaliserais selon tes capacités. Néanmoins Je te bénis, David, car cette intention résidait en ton cœur. Tu en avais le désir. Et Je te bénis pour avoir eu ce désir et cette intention dans ton cœur. C'est une bonne chose que tu aies eu cela à cœur. »

Tant d'entre nous commencent dans la vie par construire des temples : temples de caractère, temples de justice, temples de paix. Et si souvent ils ne les achèvent point. Car la vie ressemble à la *Symphonie inachevée* de Schubert. De tant de façons, nous commençons, nous essayons, nous projetons de construire nos temples variés. Et je pense qu'une des grandes douleurs de la vie tient au fait que constamment nous tentons d'achever ce qui est inachevable. Nous devons le faire. Et du coup, comme David, nous nous trouvons bien souvent dans l'obligation de reconnaître que nos rêves ne sont pas réalisés.

Notons d'abord que la vie est une perpétuelle histoire de rêves brisés. Le Mahatma Gandhi œuvra pendant des années et des années pour l'indépendance de son peuple. Et grâce à une puissante révolution non violente, il fut capable d'obtenir l'indépendance. Pendant des années, le peuple indien avait subi la domination politique, l'exploitation économique, la ségrégation et l'humiliation de pouvoirs étrangers auxquels Gandhi s'opposait. Il lutta pour unir son propre peuple, n'ayant rien à l'esprit de plus grand que de créer l'Inde, un grand pays uni et avançant vers une plus haute destinée. C'était son rêve.

Mais Gandhi fut assassiné et mourut le cœur brisé, car la nation qu'il voulait unir fut en définitive divisée entre l'Inde

---

1. 1 Rois 8, 18 (N.d.T.).

et le Pakistan, par suite du conflit opposant hindous et musulmans. La vie est une longue et continuelle histoire de tentatives pour construire un grand temple, sans qu'on soit capable de l'achever.

Woodrow Wilson [1] rêva d'une Société des Nations, mais il mourut avant de voir l'accomplissement de sa promesse.

L'apôtre Paul évoqua un jour son désir de se rendre en Espagne, c'était son plus grand rêve, apporter là-bas la Bonne Nouvelle [2]. Paul n'y alla jamais. Il finit ses jours en prison à Rome. C'est ça la vie.

Tant de nos pères avaient l'habitude de chanter la liberté, rêvant du jour où ils pourraient s'extraire de l'esclavage, de la longue nuit de l'injustice. (*Oui, M'sieur*) Aussi chantaient-ils ces petits airs : « Personne ne sait l'chagrin que j'ai eu, personne sauf Jésus [3]. » (*Oui*) Ils rêvaient à un jour meilleur, jusqu'à dire : « Je suis si heureux, les malheurs ne sont pas éternels. (*Ouais*) Un jour viendra, un jour viendra où je déposerai mon lourd fardeau [4]. » (*Oui, M'sieur*) Leur rêve était si fort que c'est ainsi qu'ils chantaient. (*Oui*) Mais beaucoup moururent avant d'en voir l'accomplissement.

Et ce matin, chacun d'entre vous est en train de construire quelque temple d'une manière ou d'une autre. Le combat est toujours d'actualité. Il tourne au découragement parfois. Il tourne à la déception parfois. Certains tentent d'édifier un temple de paix. Nous nous prononçons contre la guerre, nous manifestons, mais il semble que nous nous cognons la tête contre un mur de béton. Il semble que cela ne mène à rien. (*Gloire à Dieu*) Et si souvent, en tentant de construire un tel temple, on se retrouve seul, découragé, désorienté.

Eh bien, c'est ça, la vie. Et ce qui me rend heureux, c'est que je peux entendre une voix crier du fond des temps pour

1. Président des États-Unis de 1913 à 1921 (N.d.T.).
2. *Cf.* Romains 15, 24 (N.d.T.).
3. Paroles d'un célèbre negro-spiritual : « Nobody knows the trouble I've seen, nobody knows but Jesus. » (N.d.T.).
4. Paroles d'un fameux negro-spiritual : « I'm so glad, the trouble don't last always. By and by, by and by, I'm going to lay down my heavy load. » (N.d.T.).

me dire : « Peut-être bien que tu n'y arriveras pas aujourd'hui ou peut-être que tu n'y arriveras pas demain, mais il est bon que ce désir t'habite. (*Oui*) Il est bon d'essayer. » (*Oui. C'est bon*) Peut-être ne le verras-tu pas. Peut-être le rêve ne se réalisera-t-il pas, mais néanmoins il est bon que ce désir t'habite de réaliser un tel rêve. (*Oui*) Il est bon qu'il soit dans ton cœur.

Remercions Dieu ce matin d'avoir des cœurs ouverts à l'essentiel. La vie est une histoire infinie de rêves déçus.

Permettez-moi maintenant d'aborder un autre point. Quand vous décidez de construire un temple plein de créativité, quel qu'il soit, vous devez affronter le fait qu'il y a, au cœur de l'univers, une tension entre le bien et le mal. C'est là : une tension au cœur de l'univers entre le bien et le mal. (*Oui, M'sieur*) L'hindouisme s'y réfère en parlant d'une lutte entre l'illusion et la réalité ; la philosophie platonicienne en évoquant une tension entre le corps et l'âme ; le zoroastrisme, une ancienne religion, en parlant d'une tension entre le dieu de la lumière et le dieu des ténèbres. Le judaïsme et le christianisme font référence traditionnellement à une tension entre Dieu et Satan. Quel que soit le nom que vous lui donnez, il se livre une lutte au sein de l'univers entre le bien et le mal.

Or cette lutte n'est pas seulement inscrite là-bas, quelque part, dans les forces extérieures de l'univers, elle est inscrite dans nos propres existences. Les psychologues ont tenté de s'en occuper à leur façon, aussi en parlent-ils de diverses manières. Sigmund Freud en parlait comme d'une tension entre ce qu'il appelait le Ça et le Surmoi.

Mais, vous savez, plusieurs d'entre nous croient que c'est une tension entre Dieu et l'homme. En chacun d'entre nous, ce matin, se joue une guerre. (*Oui, M'sieur*) Une guerre civile. Peu m'importe qui vous êtes, où vous vivez, il se joue une guerre dans votre existence. (*Oui, c'est vrai*) Chaque fois que vous décidez de vous conduire bien, il y a quelque chose qui vous tire et vous dit de vous conduire mal. Cela se passe dans votre vie. (*Prêche-le*) Chaque fois que vous essayez d'aimer, quelque chose vous tire en arrière pour tenter de vous pousser à haïr. (*Oui. Oui, M'sieur*) Chaque fois que vous essayez d'être sympathique et agréable à l'égard d'autrui, quelque chose vous pousse à être jaloux et envieux et à répandre des commérages mal intentionnés sur autrui. (*Oui. Prêche-le*) Une guerre civile fait rage. Les psychologues ou les psychiatres appelleraient cela une schizophrénie, et cela se passe en chacun de nous. Et il est des moments où chacun d'entre nous sait qu'il y a en lui un Mr Hyde et un Dr Jekyll. Jusqu'à être contraint à clamer avec Ovide, le poète latin : « Je vois le bien et je l'approuve, et c'est au mal que je me laisse entraîner [1]. » Ou, pour finir, nous en venons à partager l'avis de Platon qui compare la personnalité humaine à un cocher chargé de conduire deux chevaux fougueux dont chacun opte pour une direction opposée [2]. Ou parfois à crier avec saint Augustin, dans ses *Confessions* : « Seigneur, rends-moi pur, mais pas tout de suite [3]. » (*Amen*) Ou à dire avec l'apôtre Paul (*Prêche-le*) : « Le bien que je veux, je ne le fais pas. Et le mal que je ne veux pas, je le fais [4]. » Ou, comme Goethe, constater : « Il y a en moi de quoi faire un honnête homme et un voyou. » Il y a une tension au cœur de la nature humaine. (*Oh ouais*) C'est dire que, quel que soit le moment où nous entreprenons de réaliser nos rêves et de construire nos temples, nous devons être assez honnêtes pour le reconnaître.

Tout cela me conduit au centre de notre texte. En dernière analyse, Dieu ne juge pas à l'aune des erreurs ou des fautes particulières que nous commettons, mais à l'aune de l'allure générale de notre existence. En dernière analyse, Dieu connaît (*Oui*) la faiblesse et la fragilité de ses enfants. (*Oui, il les connaît*) En dernière analyse, Dieu réclame la droiture de notre cœur. (*Amen. Oui*) Le salut ne consiste pas à atteindre une

1. Ovide (43 av. J.C.-17 ou 18), poète latin. La citation est extraite des *Métamorphoses*, livre VII, traduction, introduction et notes de Joseph Chamonard, Garnier-Flammarion, Paris, 1966, p. 177 (N.d.T.).

2. *Cf.* Platon, *Phèdre*, XXV, Paris, Garnier-Flammarion, 1964, p. 125 (N.d.T.).

3. *Cf.* Augustin, *Confessions*, VIII, 7, 17, Paris, Seuil, 1982, p. 205 (N.d.T.).

4. Romains 7, 15 (N.d.T.).

moralité parfaite, mais à être pris dans le mouvement, engagé sur la bonne route. (*Oui*)

Il y a une grande route, que l'on appelle la route nationale 80. J'y ai marché de Selma, en Alabama, à Montgomery. Et je n'oublierai jamais ma première expérience sur cette route alors que je me rendais en Californie en compagnie de Coretta, de Ralph et Juanita Abernathy. Nous allions de Montgomery à Los Angeles en l'empruntant tout du long – la 80 va jusqu'à Los Angeles. Et vous savez, être un homme bon, ou une femme bonne, ne signifie pas que vous arriverez à destination. Cela veut seulement dire que vous vous trouvez sur la route 80. (*Seigneur, aie pitié*) Peut-être n'avez-vous pas encore dépassé Selma, ou Meridian dans le Mississippi, ou Monroe en Louisiane – ce n'est pas la question. La question est la suivante : Êtes-vous sur la bonne route ? (*C'est vrai*) Le salut consiste à être engagé sur la bonne route, non pas à avoir atteint la destination.

Oh, il faut finalement nous rendre compte que, hormis le Père, personne n'est bon. (*C'est vrai*) Mais si vous êtes engagés sur la bonne route, Dieu a le pouvoir (*Oui, M'sieur*) – car il possède quelque chose que l'on appelle la grâce (*Oui, M'sieur*) – de vous placer là où vous devez être.

Maintenant, ce qu'il y a de terrible dans la vie, c'est que nous tentons d'atteindre Los Angeles par la route 78. C'est le cas lorsque vous êtes perdus. (*Oui*) La brebis de la parabole [1] était perdue, non parce qu'elle avait mal agi, mais parce qu'elle s'était engagée sur le mauvais chemin. Et elle ne savait même plus où elle allait, tellement elle était occupée à brouter l'herbe verte, (*Dis-le clairement*) sans se rendre compte qu'elle se trompait. (*Amen*) Le salut, c'est l'assurance d'être sur la bonne route. (*Oui. Prêche-le*) Il est bon – c'est ce que j'apprécie ici – que ce désir soit en ton cœur. (*Oui*)

Il y a quelques semaines, quelqu'un m'a parlé d'une personne que je respecte profondément, évoquant un acte qui collait mal avec son caractère. Aussi répliquai-je : « D'abord, je ne crois

1. *Cf.* Matthieu 18, 12-14 (N.d.T.).

pas cela. Ensuite, même si c'est vrai, (*Dis-le clairement*) c'est un homme bon car son cœur est droit. » (*Amen*) Et en dernière analyse, Dieu ne va pas le juger en raison de cette petite faute particulière qu'il commet, (*Non, M'sieur*) car il a de bonnes dispositions.

Et voici la question que je veux soulever ce matin : Est-ce que votre cœur est droit ? (*Oui. Prêche*) S'il n'est pas droit, occupez-vous-en aujourd'hui même ; faites en sorte que Dieu y remédie. (*Continue*) Trouvez quelqu'un pour dire de vous : « Il n'a peut-être pas atteint les sommets, (*Prêche-le*) il n'a peut-être pas réalisé tous ces rêves, mais il a essayé. » (*Oui*) N'est-ce pas une chose formidable que l'on pourrait dire à votre sujet ? « Il a essayé d'être un homme bon. (*Oui*) Il a tenté d'être un homme juste. Il a tenté d'être un honnête homme. (*Oui*) Son cœur était droit. » (*Oui*) Et je puis entendre une voix proclamer, à travers les temps : « Je t'accepte. (*Prêche-le*) Tu es bénéficiaire de ma grâce, car le désir était dans ton cœur. (*Oui*) Et il est si bon qu'il ait habité ton cœur. » (*Oui, M'sieur*)

Je ne sais pas ce qu'il en est de vous ce matin, mais je veux témoigner. (*Oui, M'sieur. C'est ma vie*) Vous n'avez pas besoin ce matin de dire à l'extérieur que Martin Luther King est un saint. Oh ! non. (*Oui*) Je veux que vous sachiez ce matin que je suis un pécheur comme tous les enfants de Dieu. Mais je veux être un homme bon. (*Oui. Prêche-le*) Et un jour je veux entendre une voix me dire : « Je te reçois et je te bénis, parce que tu as essayé. (*Oui. Amen*) C'est bien, (*Prêche-le*) car ce désir habitait ton cœur. » (*Oui*) Qu'y a-t-il dans votre cœur ce matin ? (*Oh ! Seigneur*) Si votre cœur est droit... [1]

Oh, ce matin, si je puis vous laisser quelque chose, permettez-moi de vous inciter à être sûrs que vous naviguez sur le solide bateau de la foi. [*Rires*] Les vents soufflent. (*Oui*) Les tempêtes de la désillusion arrivent. (*Oui*) Les agonies et les angoisses de la vie s'approchent. (*Oui, M'sieur*) Soyez sûrs que

1. L'enregistrement est ici interrompu.

votre bateau tient bon et qu'il possède une ancre, et que cette ancre est solide.

Il peut faire sombre parfois. Ce sera morne et pénible, et les ennuis commenceront. Mais, si vous avez foi en ce Dieu dont je vous parle ce matin, cela importe peu. (*Oui*) Vous résisterez aux tempêtes. Et je vous parle ce matin par expérience. Oui, j'ai vu l'éclair. (*Oui, M'sieur*) J'ai entendu le tonnerre. (*Oui*) J'ai senti les forces du mal se jeter sur moi, essayant de s'emparer de mon âme. Mais j'ai entendu la voix de Jésus me disant de poursuivre le combat. Il a promis de ne jamais m'abandonner, (*Oui, M'sieur*) de ne jamais me laisser seul. (*Merci, Jésus*) Non, jamais seul. Non, jamais seul. Il a promis de ne jamais m'abandonner. De ne jamais me laisser seul [1]. (*Gloire à Dieu*)

Lorsqu'une telle foi vous habite, vous pouvez faire preuve de réalisme tout en gardant un idéal, et ne craindre aucun homme. (*Continue*) Et ne rien craindre de ce qui peut vous arriver. (*Oui, M'sieur*) Parce que vous savez que Dieu se trouve même en Crète. (*Amen*) Si vous montez aux cieux, Dieu s'y trouve. Si vous descendez aux enfers, même là, Dieu s'y trouve. Si vous prenez les ailes du matin pour voler aux extrémités des mers, même là, Dieu s'y trouve. Où que nous nous tournions, nous le trouvons. Nous ne pouvons lui échapper [2].

---

1. Ce témoignage fait allusion au même événement de janvier 1956 que celui relaté dans la prédication intitulée « Pourquoi Jésus qualifia cet homme d'insensé », p. 167 de ce recueil (N.d.T.).
2. Fin de l'enregistrement.

11

Rester éveillé au sein d'une grande révolution

Introduction de l'archevêque Desmond Tutu [1]

J'avais oublié l'éloquence du Dr Martin Luther King. Ces magnifiques cadences sont maintenant perdues pour le monde, à l'exception de quelques ouvrages comme celui-ci. Très peu de gens étaient capables d'assembler ainsi les mots avec ce talent permettant de leur faire dire, par exemple : « Nous avons fait de ce monde notre voisinage, sans avoir été encore capables de nous engager pour en faire un lieu fraternel [2]. » Et combien de fois avons-nous cité cette superbe déclaration relative à la communauté humaine : « Nous devons apprendre à vivre ensemble comme des frères et sœurs ou nous périrons ensemble comme des fous. » Ou l'entendre dire : « L'injustice raciale reste le fardeau du Noir et la honte du Blanc. » Qui pouvait

---

1. Desmond Tutu, archevêque anglican de Johannesburg, fut en 1984 le récipiendaire du prix Nobel de la paix récompensant ses efforts sans relâche pour mettre fin à l'apartheid en Afrique du Sud. L'archevêque Tutu fut aussi le premier secrétaire général noir du Conseil interdénominationnel sud-africain des Églises. Ses sermons et ses discours ont fait l'objet d'une publication en deux volumes intitulés *Crying in the Wilderness* (1982) et *Hope and Suffering* (1984).

2. King joue ici sur les assonances *neighborhood-brotherhood*, ce que souligne Mgr Tutu (N.d.T.).

trouver plus fort que l'expression : « Il est toujours mûr, le temps d'accomplir le bien [1] » ?

C'est presque comme s'il prêchait pour nous aujourd'hui, tant ce sermon est aussi adapté à notre temps qu'il le fut il y a plus de trente années. Nous traversons une autre période de transition, où nous pouvons facilement devenir Rip Van Winkle [2] dormant comme une souche pendant de grandes révolutions, vu notre incapacité à développer des attitudes nouvelles, à réfléchir autrement et à répondre aux exigences de situations inédites. Nous sommes devenus conscients que le monde est un village – un accident de voiture en France met le monde entier en émoi – et, en même temps, nous continuons à vivre comme si cela n'engendrait pas un univers d'interdépendance. Nous pouvons dépenser des sommes scandaleuses pour l'achat d'armes de mort et de destruction quand une infime fraction de ces budgets mortifères permettrait aux enfants de Dieu, partout dans le monde, de bénéficier d'eau salubre, de soins de santé adéquats, de nourriture suffisante, d'éducation et d'un logement décent. Il est extraordinaire que le Dr Martin Luther King ait été si acharné dans son opposition à la guerre et si désireux de paix. Nous sommes reconnaissants que la campagne internationale pour bannir les mines antipersonnel ait obtenu en 1997 le prix Nobel de la paix, car ces objets épouvantables mutilent et tuent encore bien longtemps après la fin d'un conflit.

King est aussi pertinent aujourd'hui qu'il le fut hier dans son zèle pour la justice raciale et l'égalité. Onze heures, le dimanche matin, c'est encore l'heure où la ségrégation est la plus forte dans de nombreux pays marqués par le racisme. Et nous ne voulons certainement pas nous endormir pendant la révolution mettant un terme à la pauvreté.

Je suis sûr qu'il aurait apporté son soutien à l'appel du Fonds monétaire international et de la Banque mondiale destiné

1. Expression jouant sur des assonances : « The time is always ripe to do right » (N.d.T.).

2. *Cf.* p. 24 et la note 1 (N.d.T.).

à préparer un nouveau millénaire, en invoquant le principe biblique du Jubilé, appelant à l'annulation de la dette de nombreux pays pauvres. Je rends grâce pour cet homme remarquable. La vérité spirituelle est, me semble-t-il, toujours pertinente et appropriée. Ce qui nous conduit finalement à être peu surpris en constatant combien le sermon du Dr King en la cathédrale nationale de Washington reste applicable à notre situation contemporaine.

Rester éveillé au sein d'une grande révolution [1]

C'est toujours une expérience forte et enrichissante que d'effectuer un court arrêt, à l'écart des demandes quotidiennes et de la lutte pour la liberté et la dignité humaines, afin de discuter des enjeux du combat en compagnie d'amis de bonne volonté venant de la nation tout entière. Et c'est sans aucun doute une expérience profonde et pleine de sens que de participer à un service religieux. Pour toutes ces raisons, je suis heureux d'être ici aujourd'hui.

Ma prédication aimerait traiter du sujet suivant : « Rester éveillé au sein d'une grande révolution ». Le texte de ce matin se trouve dans le livre de l'Apocalypse, dont je citerai deux passages, au chapitre 16 : « Voici, je fais toutes choses nouvelles ; le monde ancien a disparu [2]. »

Je suis sûr que la plupart d'entre vous avez lu cette petite

1. Prédication prononcée le 31 mars 1968 en la cathédrale nationale de Washington, D.C.

2. La référence donnée par King semble erronée. Le passage cité de mémoire paraît être celui de Apocalypse 21, 4-5 (N.d.T.).

histoire saisissante due à la plume de Washington Irving [1] et intitulée *Rip Van Winkle*. Un élément dont on se souvient habituellement à ce sujet, c'est que Rip Van Winkle dormit vingt ans. Mais il y a un autre point dans cette petite histoire qui passe presque totalement inaperçu. C'est l'enseigne, à la fin, à partir de laquelle Rip gravit la montagne pour son long sommeil.

Lorsque Rip Van Winkle gravit les montagnes, l'enseigne était un portrait du roi Georges III d'Angleterre. Quand il redescendit vingt ans plus tard, l'enseigne était un portrait de George Washington, premier président des États-Unis. Et, le regardant, il fut surpris et complètement perdu. Il ne savait pas qui c'était.

Et cela nous révèle que l'élément le plus intéressant de l'histoire de Rip Van Winkle ne tient pas à son sommeil de vingt ans, mais au fait qu'il a dormi pendant une révolution. Pendant qu'il ronflait paisiblement dans la montagne, se déroulait une révolution qui allait changer le cours de l'histoire – et Rip Van Winkle n'en savait rien. Il s'était endormi. Oui, il dormit comme une souche pendant une révolution. Et l'une des grandes responsabilités de l'existence tient au fait que trop de gens vivent des périodes de grands changements sociaux sans parvenir à développer de nouvelles attitudes, à réfléchir et à offrir de nouvelles réponses exigées par des situations inédites. Ils finissent par s'endormir au milieu d'une révolution.

C'est un fait indéniable qu'une grande révolution se déroule dans notre monde contemporain. En un sens, elle est triple : révolution de la technologie, avec l'impact de l'automation et de la cybernétique ; révolution de l'armement, avec l'émergence des armes atomiques et nucléaires ; et révolution des droits de l'homme, avec l'explosion de liberté sur l'ensemble de la planète. Oui, nous vivons une période où des changements se produisent. Or, traversant les temps, une voix se fait entendre et dit : « Regarde, Je fais toutes choses nouvelles ; le monde ancien a disparu. »

1. Washington Irving (1783-1859), essayiste et historien américain. Sa nouvelle *Rip Van Winkle* date de 1820 (N.d.T.).

Quoi qu'il survienne de nouveau au sein de l'histoire, cela amène de nouveaux défis et de nouvelles chances. Aussi voudrais-je traiter des défis qui nous attendent aujourd'hui, à la suite de cette triple révolution dans le monde contemporain.

Tout d'abord, il nous faut développer une perspective mondiale. Personne ne peut vivre seul, aucune nation ne le peut, et quiconque le pense s'est endormi pendant une révolution. Notre monde est géographiquement un. Le défi à relever est de le faire un en termes de fraternité

Il est vrai que l'unité géographique est principalement due à l'intelligence scientifique de l'homme. L'homme moderne, grâce à son génie scientifique, a été capable de repousser les distances et de soumettre le temps. Nos avions à réaction ont réduit à quelques minutes les parcours de distances qui prenaient autrefois des semaines, voire des mois. Tout cela indique que notre monde est un voisinage.

Grâce à notre génie scientifique et technologique, nous avons fait de ce monde un voisinage, sans être encore capables de nous engager moralement pour en faire un lieu fraternel. Mais, d'une manière ou d'une autre, il nous faut le faire. Nous devons apprendre à vivre ensemble comme des frères et sœurs, ou nous périrons ensemble comme des fous. Nous sommes liés par l'unique vêtement de la destinée, pris dans le réseau inévitable de la réciprocité. Et ce qui touche directement l'un, affecte l'autre indirectement. Si étrange que cela paraisse, je ne pourrai jamais être ce que je dois être, tant que vous ne serez pas ce que vous devez être. Et vous ne pourrez jamais être ce que vous devez être tant que je ne serai pas ce que je dois être. Voici la façon dont Dieu a créé l'univers, la manière dont il l'a structuré.

John Donne [1], il y a des années, a compris cela et l'a exprimé dans l'espace : « Nul n'est une île, et ne se suffit à lui-même. Tout homme est un morceau de continent, une partie d'un tout. » Et il poursuit et va jusqu'à dire : « Toute mort d'homme me diminue parce que je fais partie de l'espèce humaine ; ne

1. John Donne (1573-1631), poète et prédicateur anglais (N.d.T.).

te demande donc jamais pour qui sonne le glas, il sonne pour toi [1]. » Cela, il nous faut le comprendre, le croire, en tenir compte dans notre vie pour rester éveillé lorsque prend place une grande révolution.

Deuxièmement, nous sommes mis au défi de débarrasser notre nation des dernières traces d'injustice raciale. Je dois le dire ce matin : l'injustice raciale est le fardeau du Noir et la honte du Blanc.

C'est une vérité désagréable : pour l'immense majorité des Américains blancs, le racisme est une façon de vivre. La maladie du racisme, dite ou non dite, reconnue ou niée, légère ou non, s'infiltre partout et empoisonne l'ensemble du corps politique. Je ne vois rien de plus urgent pour l'Amérique que de tout faire pour s'en débarrasser.

Il faut entreprendre quelque chose de positif. Tous, individus et institutions, doivent se sentir coupables. Tous, gouvernement, individus et même l'Église.

Nous devons prendre conscience que lorsque nous chantons, le dimanche matin à onze heures, « En Christ, il n'y a plus ni Est ni Ouest », eh bien, c'est l'heure où la ségrégation est la plus vive.

Pour tous, l'heure est venue. Pour toutes les institutions des secteurs public et privé, il est temps de se débarrasser du racisme. Et si telle est notre volonté, il nous faut reconnaître honnêtement certains points, et abandonner certains mythes auxquels notre nation a fréquemment recours.

L'un de ces mythes est celui du temps, compris comme une notion seule capable de résoudre le problème de l'injustice. Pensez à tous ceux qui, avec sincérité, s'adressent souvent ainsi au Noir et à ceux qui le soutiennent dans la communauté blanche : « Pourquoi ne ralentissez-vous pas ? Arrêtez de tout précipiter. Seul le temps peut faire les choses. Si vous acceptiez de patienter et continuiez à prier, dans cent ou deux cents ans, le problème se serait résolu tout seul. »

1. Extrait de *Méditation XVII* (N.d.T.).

Il y a une réponse à ce mythe, c'est que le temps est neutre. On peut s'en servir de façon constructive ou destructive. Et je regrette de devoir dire ce matin que je suis absolument convaincu que les forces de mauvaise volonté, au sein de notre pays – les gens de l'extrême droite, ceux du mauvais côté –, se sont servies du temps avec beaucoup plus d'efficacité que les forces de bonne volonté. Et il se pourrait bien que notre génération ait à se repentir. Non seulement des paroles au vitriol et des actions violentes menées par les premiers, mais aussi du silence navrant et de l'indifférence des seconds, qui s'installent en disant : « Attendez. »

Quelque part, il nous faut considérer que le progrès humain ne tombe pas du ciel. Il est le résultat de l'effort incessant et de l'engagement persistant d'individus dévoués et désireux d'être les collaborateurs de Dieu. Hormis un tel acharnement, le temps s'allie aux forces primitives de stagnation sociale. Aussi devons-nous aider le temps et comprendre que c'est toujours le bon moment d'accomplir le bien.

Il y a également un autre mythe fréquent : une sorte d'excès de confiance en la possibilité de s'élever à la force des poignets. Il y a ceux qui estiment que, si le Noir veut se sortir de la pauvreté, des taudis, de la discrimination et de la ségrégation, il doit le faire par ses propres moyens. D'où leurs propos relatifs à la force du poignet.

Ils ne prennent jamais le temps d'avoir conscience qu'aucune autre ethnie n'a été esclave sur le sol américain. Les gens qui tiennent ces propos ne se sont jamais arrêtés pour comprendre que la nation a fait de la couleur de peau du Noir un stigmate. Plus grave, ils ne s'arrêtent jamais pour prendre conscience de la dette qu'ils ont contractée envers un peuple soumis à l'esclavage pendant deux cent quarante-quatre ans.

En 1863, suite à la Proclamation d'émancipation signée par Abraham Lincoln, on a dit au Noir qu'il était libre sans lui donner quelque terre pour rendre effective cette liberté. Ce qui revenait à garder quelqu'un en prison pour quelques années, puis à découvrir tout à coup qu'il n'était pas coupable du crime pour lequel il avait été condamné, et à simplement lui déclarer : « Maintenant, vous êtes libre », sans même lui offrir un ticket de bus pour retourner en ville ou de l'argent pour s'acheter quelques habits, bref, lui fournir de quoi se remettre en selle.

Toute cour de justice s'élèverait contre de tels procédés, et c'est pourtant ainsi que la nation a agi à l'égard du Noir, en lui déclarant simplement : « Tu es libre », et en le laissant sans un sou, illettré, ne sachant que faire. L'ironie de l'histoire, c'est qu'au même moment le Congrès offrait des millions d'acres de terre à l'Est et au Midwest, ce qui signifiait sa volonté d'aider économiquement les paysans blancs venant d'Europe.

Mais il ne fit pas qu'offrir la terre, il bâtit aussi des établissements d'enseignement agricole. Il leur envoya même des conseillers en technique agricole et, au fil des années, leur prêta de l'argent à des taux préférentiels afin qu'ils puissent mécaniser leurs exploitations. Et jusqu'à ce jour, des milliers d'entre eux reçoivent des millions de dollars de subventions pour ne pas produire sur leurs terres. Et ce sont souvent les mêmes gens qui disent aux Noirs de se débrouiller par eux-mêmes. Je suis d'accord pour dire à quelqu'un de se débrouiller, mais trouve cruelle la plaisanterie consistant à dire à un manchot de s'élever à la force de ses poignets.

Nous devons comprendre combien sont profondes les racines du racisme dans notre pays, et ce qu'il y a de grand et de positif à entreprendre pour se débarrasser de tous les effets et injustices qui y sont liés.

À ce propos, j'aimerais soulever encore un autre point que je considère aussi comme un défi : celui d'en finir avec la pauvreté, chez nous et dans le monde. Comme une énorme pieuvre, la pauvreté étend ses tentacules partout dans le monde, dans tous les hameaux et les villages. Deux tiers des gens iront ce soir se coucher avec la faim au ventre. Ils sont mal logés, mal nourris, pauvrement vêtus. J'en ai vu en Amérique latine, en Afrique, en Asie.

Je me souviens d'une expérience que je n'oublierai jamais, vécue il y a quelques années, lors d'un voyage en Inde avec

Mme King. C'était une expérience formidable que de rencontrer et de parler avec les grands dirigeants indiens, que de rencontrer des milliers et des milliers de gens dans cet immense pays. Tout cela me sera cher tant que se prolongeront les fils de la mémoire.

Mais je tiens à vous dire ce matin qu'il y eut quelques moments déprimants. Comment les éviter lorsque l'on voit de ses propres yeux des millions de gens aller se coucher la faim au ventre ? Comment les éviter lorsque l'on voit de ses propres yeux des millions d'enfants dormir sur les trottoirs ? À Bombay, plus d'un million de gens dorment chaque nuit sur les trottoirs. À Calcutta, plus de six cent mille personnes dorment chaque nuit sur les trottoirs, n'ayant ni lit à disposition, ni logis où rentrer. Comment les éviter lorsque l'on découvre que, sur plus de cinq cents millions d'Indiens, environ quatre cent quatre-vingts millions ont un revenu annuel de moins de quatre-vingt-dix dollars ? Et que la plupart d'entre eux n'ont jamais vu un docteur ou un dentiste ?

En découvrant tout cela, quelque chose criait en moi : « Pouvons-nous paresseusement rester à côté et ne pas être concerné ? » Et vint la réponse : « Oh, non ! » Car la destinée des États-Unis est liée à celle de l'Inde et à celle de toute autre nation. Et je me mis à penser au fait que nous dépensons en Amérique des millions de dollars quotidiennement pour de la nourriture que nous emmagasinons. Aussi me suis-je dit : « Je sais où nous pouvons emmagasiner sans frais cette nourriture, dans les estomacs ratatinés de ces millions d'enfants de Dieu qui, tout autour du monde, vont chaque soir au lit la faim au ventre. » Et peut-être que nous dépensons bien trop dans notre budget annuel pour établir des bases militaires tout autour du monde plutôt que pour poser les bases d'un véritable souci et d'une sérieuse compréhension.

Non seulement nous voyons la pauvreté à l'étranger, mais je voudrais vous rappeler qu'il y a dans notre pays près de quarante millions de gens que l'on peut qualifier de pauvres. Je les ai vus ici ou là. Je les ai vus dans les ghettos du Nord, dans les régions rurales du Sud, dans les Appalaches. Je viens de rentrer d'une tournée dans le pays et je dois reconnaître que dans certaines situations, je me suis mis à pleurer.

J'étais à Marks dans le Mississippi, dans le comté de Quitman, le comté le plus pauvre des États-Unis. J'y ai vu des centaines de petits garçons et de petites filles noirs déambulant sans chaussures à leurs pieds. J'y ai vu leurs pères et mères tentant de s'en sortir avec le programme « Head Start », mais sans argent. Le gouvernement fédéral ne les a pas aidés, mais ils essayaient de s'en sortir tout de même. Gagnant ici ou là un tout petit peu d'argent, ils tentent de trouver quelque nourriture pour leurs enfants et de leur apporter quelque éducation.

J'ai rencontré des pères et des mères qui me parlaient de leur chômage, ne gagnaient pas un sou, ni retraite, ni aide, ni quoi que ce soit. « Comment vivez-vous ? » demandai-je. « Eh bien, nous tournons en rond, nous allons voir le voisin pour lui demander quelque chose. Quand vient la saison des baies, nous allons les cueillir ; quand vient celle du lapin, nous en chassons quelques-uns. Nous nous débrouillons comme ça. »

Je me trouvais à Newark et à Harlem la semaine passée, et je suis entré dans quelques maisons occupées par des mères bénéficiant de l'assistance publique. J'ai vu leurs conditions de vie : non, non, pas de moquette, mais partout des rats et des cafards. Je suis resté dans cet appartement où une mère m'a confié : « Le propriétaire refuse d'entretenir ce lieu. Cela fait deux ans que je suis ici et il n'a pas effectué la moindre réparation. » Elle me montra alors les murs dont la peinture s'effritait, elle pointa du doigt les trous par lesquels passaient les rats. Et d'ajouter : « Chaque nuit, nous devons rester éveillés pour que rats et cafards n'approchent pas des enfants. » « Combien payez-vous pour cet appartement ? » demandai-je. « Cent vingt-cinq dollars », répondit-elle. Je la regardais en songeant : « Cela ne vaut même pas soixante dollars. » On force les pauvres à payer plus pour avoir moins. Vivre dans de telles conditions tous les jours que le bon Dieu fait, dans un quartier constamment vidé de sa vitalité sans être réapprovisionné, c'est une sorte de colonie domestique. Et ce qui est tragique, c'est que ces quarante millions de personnes sont la plupart du temps invisibles, tant l'Amérique est opulente, tant elle est riche. Comme nos autoroutes nous emportent loin du ghetto, nous ne voyons pas les pauvres.

Jésus raconta un jour une parabole [1], dans laquelle il nous rappelle qu'un homme alla en enfer parce qu'il ne voyait pas le pauvre. Il s'appelait Dives et était riche. Et il y avait un pauvre homme, nommé Lazare, pauvre et malade. Des plaies couvraient son corps et l'affaiblissaient au point qu'il pouvait à peine marcher. Il arrivait pourtant chaque jour à atteindre la porte de Dives, ne désirant que les miettes qui tomberaient de sa table. Et Dives ne bougea pas. Et la parabole se conclut en précisant que « Dives s'en alla en enfer et qu'il y avait désormais un immense écart entre Lazare et Dives ».

Rien dans cette parabole ne prétend que Dives s'en alla en enfer en raison de sa richesse. Jésus n'a jamais prononcé une telle condamnation universelle. Il est vrai qu'un jour un jeune homme riche vint le voir et qu'il lui conseilla de tout vendre, mais à ce moment-là Jésus prescrivait un fort remède plutôt qu'il ne posait un diagnostic universel [2]. Et si vous êtes attentifs à tout le symbolisme de cette parabole, vous noterez qu'une conversation se déroule entre l'enfer et le paradis, qu'un appel longue distance réunit Abraham au paradis et Dives en enfer.

Or Abraham était un homme riche. Vous verrez même, si vous consultez l'Ancien Testament, qu'il était l'homme le plus riche de son temps ; ce n'est donc pas un homme riche qui s'adresse depuis l'enfer à un pauvre en paradis, c'est un petit millionnaire en enfer dialoguant avec un multimillionnaire au paradis. Dives n'est pas allé en enfer parce qu'il était riche ; Dives n'a pas saisi l'opportunité que représentait sa richesse, celle de jeter un pont par-dessus tout ce qui le séparait de Lazare. Dives est allé en enfer parce qu'il passait jour après

1. *Cf.* Luc 16, 19-31 (N.d.T.).
2. *Cf.* Matthieu 19, 16-22 (N.d.T.).

jour à côté de Lazare, sans jamais vraiment le voir. Il s'est retrouvé en enfer parce qu'il a permis à son frère de devenir invisible. Dives s'est retrouvé en enfer parce qu'il maximisait le minimum et minimisait le maximum. Dives s'en alla vraiment en enfer parce qu'il cherchait à être un objecteur de conscience dans la guerre contre la pauvreté.

Et cela peut arriver à l'Amérique, la nation la plus riche du monde – pas de problème à ce sujet –, l'Amérique a la possibilité de jeter un pont entre « ceux qui ont » et « ceux qui n'ont pas ». La vraie question est de savoir si l'Amérique le fera. Il n'y a rien de nouveau en matière de pauvreté. Ce qui est nouveau, ce sont nos techniques et nos moyens de nous en débarrasser. La vraie question est de savoir si nous en avons la volonté.

Dans quelques semaines, quelques-uns d'entre nous se rendront à Washington pour voir si une telle volonté est toujours vivante ou si elle ne l'est pas dans ce pays. Nous nous rendons à Washington dans le cadre de la Campagne en faveur des pauvres [1]. Oui, nous allons y emmener, par petits groupes, les fatigués, les pauvres. Nous allons y emmener ceux qui ont été meurtris et négligés durant de longues années. Nous allons y emmener ceux qui en sont venus à croire que la vie est un long corridor désolé dépourvu de panneau indiquant la sortie. Nous allons y emmener des enfants, des adultes et des personnes âgées, des gens qui n'ont jamais vu de leur vie un médecin ou un dentiste.

Nous n'allons pas nous engager dans quelque geste théâtral. Nous n'allons pas faire pleurer Washington. Nous allons demander au gouvernement de Washington de prendre en compte la question de la pauvreté. Un jour nous avons lu : « Nous tenons comme des vérités évidentes par elles-mêmes que tous les hommes naissent égaux, qu'ils ont reçu de leur Créateur certains droits inaliénables, parmi lesquels sont la vie, la liberté, et la recherche du bonheur. » Mais si un homme n'a

1. Campagne prévue pour l'été 1968 et rassemblant toutes les minorités ethniques des États-Unis (N.d.T.).

ni travail ni revenu, il n'a ni la vie, ni la liberté, ni la possibilité d'obtenir quelque bonheur. Il n'a que l'existence.

Nous allons demander à l'Amérique d'être en conformité avec l'important billet à ordre signé il y a quelques années. Et nous allons nous engager dans une dramatique action non violente pour attirer l'attention sur le fossé qui sépare promesse et accomplissement, pour rendre visible l'invisible.

Pourquoi agir ainsi ? Parce que nous savons d'expérience que la nation ne fait rien en matière de véritable égalité envers les pauvres et les Noirs à moins d'y être confrontée massivement, dramatiquement en termes d'action directe.

Il existe de grands documents pour nous dire que quelque chose doit être fait. Nous nous sommes rencontrés il y a quelques années à la Maison Blanche à l'occasion d'une Conférence sur les droits civiques. Et nous en sommes ressortis avec des recommandations analogues à celles que nous aurons lors de notre campagne, mais rien n'a été fait. La commission présidentielle relative à la technologie, l'automation et les progrès économiques, a fait les mêmes recommandations il y a quelque temps. Rien n'a été fait. Même les rencontres entre les maires des plus grandes villes du pays et des hommes d'affaires entreprenants ont déterminé que cela devait être fait. Rien n'a été fait. La Commission Kerner [1], qui a rendu son rapport il y a quelques jours, a fait de semblables recommandations. Sans résultat.

Et je pense que rien ne sera fait tant que des gens de bonne volonté ne se mettront pas en mouvement corps et âmes. Et ce sera ce type de force spirituelle, incarnée, qui, grâce à cette confrontation, fera, je crois, la différence.

Oui, ce sera la Campagne en faveur des pauvres. C'est le

1. En février 1968, la Commission Kerner – du nom de son président, l'ancien gouverneur de l'Illinois, Otto Kerner –, désignée pour enquêter sur les causes des troubles de l'été précédent, termina ses travaux en attirant l'attention de la nation sur le fait qu'elle risquait d'être bientôt formée de deux sociétés, blanche et noire, séparées et inégales. Le rapport de cette Commission témoignait d'une grande sensibilité aux problèmes ethniques en dénonçant le racisme comme cause principale des troubles sociaux de l'été 1967 (N.d.T.).

défi que doit relever l'Amérique. En définitive, une grande nation est une nation douée de compassion. L'Amérique n'a ni rempli ses obligations ni assumé ses responsabilités à l'égard des pauvres.

Un jour, nous devrons faire face au Dieu de l'histoire et nous évoquerons nos actes. Oui, nous pourrons affirmer que nous avons construit d'immenses ponts pour traverser les mers, que nous avons édifié de gigantesques bâtiments embrassant les cieux. Oui, nous avons construit des sous-marins capables de sonder les profondeurs marines. Et notre pouvoir scientifique et technologique a permis encore de multiples autres choses.

J'ai pourtant l'impression d'entendre le Dieu de l'histoire déclarer : « C'était insuffisant ! Car j'étais affamé et tu ne m'as pas nourri. J'étais nu et tu ne m'as pas vêtu. J'étais dépourvu de logement salubre et tu ne m'as procuré aucun abri. En conséquence, tu ne peux entrer dans le royaume de la grandeur. Si tu ne l'as pas fait aux plus petits de ceux-là, mes frères, c'est à moi que tu ne l'as pas fait [1]. » Voilà le défi auquel doit faire face l'Amérique.

Je tiens à préciser simplement qu'un autre défi nous guette, celui de trouver une alternative à la guerre et au carnage. Quiconque croit – et ils sont encore nombreux à penser ainsi – que la guerre peut résoudre les problèmes auxquels est confrontée l'humanité s'endort en pleine révolution. Le président Kennedy déclara un jour : « L'humanité doit mettre fin à la guerre ou la guerre mettra fin à l'humanité. » Le monde devrait entendre de tels propos. Je prie Dieu que l'Amérique entende cela avant qu'il ne soit trop tard, car aujourd'hui nous vivons une guerre.

Je suis convaincu que c'est l'une des guerres les plus injustes qui aient été menées dans l'histoire mondiale. Notre participation à la guerre du Viêt-nam a réduit en pièces l'accord de Genève, renforçant le complexe industrialo-militaire et les forces conservatrices de notre pays. Elle a fait de nous des oppo-

---

1. King fait ici allusion au jugement dernier, tel qu'évoqué en Matthieu 25, 31-46 et surtout aux versets 42-43 (N.d.T.).

sants à l'autodétermination de l'immense majorité des Vietnamiens, en nous alliant à un régime corrompu défavorable aux pauvres.

Cela a causé des ravages chez nous. Nous dépensons à ce jour cinq cent mille dollars pour la mort de chaque soldat viêt-cong. Chaque fois que nous en tuons un, cela nous coûte cinq cent mille dollars, alors qu'avec notre prétendu système de lutte contre la pauvreté nous ne dépensons que cinquante-trois dollars par an pour une personne pauvre, ce qui ne marque même pas un sérieux accrochage avec la pauvreté.

Et de plus, nous apparaissons au monde comme une nation arrogante, alors que nous combattons à seize mille kilomètres de chez nous pour la prétendue libération du peuple vietnamien, et que notre propre maison n'est même pas en ordre. Nous contraignons des jeunes Noirs et Blancs à combattre et tuer dans une solidarité brutale, alors qu'ils peuvent à peine vivre dans la même rue.

Le jugement de Dieu est sur nous aujourd'hui. Nous pourrions poursuivre le trait et voir que quelque chose doit être entrepris – et rapidement. Nous nous sommes éloignés des autres nations au prix d'une mort spirituelle et d'un isolement politique dans le monde. Il n'y a plus de grand allié des États-Unis qui oserait envoyer des troupes au Viêt-nam, si bien que les seuls amis qui nous restent sont les pays clients comme Taiwan, la Thaïlande, la Corée du Sud et quelques autres.

Voilà où nous en sommes. « L'humanité doit mettre fin à la guerre ou la guerre mettra fin à l'humanité », et la meilleure façon de commencer est de mettre fin à la guerre au Viêt-nam, car, si elle se poursuit, nous en viendrons à faire face à la Chine, ce qui pourrait conduire le monde entier à une destruction nucléaire.

Mes amis, entre non-violence et violence, ce n'est plus une question de choix. C'est soit la non-violence, soit la non-existence. Et l'alternative au désarmement, à une large suspension des essais nucléaires, au renforcement des Nations unies et, en conséquence, au désarmement du monde pourrait bien être une civilisation plongée dans les abysses de la destruction totale, où notre habitat terrestre serait transformé en enfer d'une façon que Dante n'aurait pu imaginer.

C'est pourquoi j'éprouve le besoin d'élever la voix contre cette guerre et de faire tout ce qui est en mon pouvoir pour réveiller la conscience de notre pays. Je me souviens très bien de la première fois où j'ai pris position contre la guerre du Viêt-nam. Les critiques me tombèrent dessus et m'attaquèrent de la façon la plus vive et parfois même extrêmement vicieuse.

Un jour, un journaliste vint me voir : « Dr King, ne pensez-vous pas que maintenant vous devriez arrêter de vous opposer à cette guerre et vous aligner sur la position de l'administration fédérale ? Si je comprends bien, cela cause du tort au budget de votre organisation et les gens qui autrefois vous respectaient ne le font plus. Ne pensez-vous pas réellement que vous devriez revoir votre position ? » Je le regardai en déclarant : « Désolé, Monsieur, mais vous ne me connaissez pas. Je ne suis pas un dirigeant de consensus. Je ne fixe pas mes priorités en fonction du budget de la Conférence des dirigeants chrétiens du Sud [1]. Je n'ai pas effectué de sondage pour évaluer l'opinion majoritaire. » Un véritable dirigeant, en définitive, n'est pas un quémandeur, mais un modeleur de consensus.

Sur certains sujets, la lâcheté interroge : « Est-ce bien indiqué ? » Et elle enchaîne : « Est-ce politiquement utile ? » Puis la vanité : « Est-ce populaire ? » La conscience pose la question suivante : « Est-ce juste ? »

Vient un temps où l'on doit prendre une position, qui n'est ni sans danger, ni politique, ni populaire, mais on la prend parce que la conscience vous la dicte. Je crois qu'aujourd'hui nous avons grand besoin de gens de bonne volonté, agissant en pleine conscience et reprenant les paroles d'un vieux negro-spiritual « Nous n'apprendrons plus à faire la guerre [2]. » L'homme moderne doit relever ce défi.

1. Organisation (SCLC : Southern Christian Leadership Conference) créée en 1957 et dont King est le président (N.d.T.).
2. « We ain't gonna study war no more » (N.d.T.).

Permettez-moi de conclure en soulignant que des jours difficiles nous attendent en matière de lutte pour la justice et la paix. Mais je ne veux pas céder à une politique de désespoir. Je veux garder espoir alors que nous nous préparons à nous rendre à Washington pour notre Campagne. Les jeux sont faits d'avance contre nous. Cette fois-ci nous allons affronter Goliath [1]. Dieu nous demande d'être le David de la vérité contre le Goliath de l'injustice et de l'indifférence, ce Goliath est synonyme du refus de faire face aux problèmes. Et nous marcherons, déterminés à faire de l'Amérique la grande nation qu'elle est appelée à être.

Je vous le déclare : notre but est la liberté, et je crois que nous l'atteindrons car, quelle que soit notre errance, c'est celui de l'Amérique. Bien que nous soyons un peuple abusé ou méprisé, notre destinée est liée à celle de l'Amérique.

Avant même que les Pères fondateurs ne débarquent à Plymouth, nous étions déjà là. Avant même que Jefferson n'inscrive dans le marbre les pages fantastiques de la Déclaration d'indépendance, nous étions déjà là. Avant même que soient composées les paroles de *The Star-Sprangled Banner* [2], nous étions là.

Nos ancêtres ont travaillé plus de deux cents ans sans être payés, sacrant roi le coton, construisant les demeures de leurs maîtres dans des conditions excessivement humiliantes et opprimantes. Et pourtant, sans perdre un gramme d'énergie, ils ont continué à grandir et à se développer. Si les indicibles cruautés de l'esclavage ont été incapables de nous arrêter, à coup sûr, l'opposition que nous rencontrerons ne pourra le faire.

Nous gagnerons notre liberté car nos exigences incarnent tout à la fois l'héritage sacré de notre nation et la volonté éternelle de notre Dieu. Si bien que quelles que soient l'obscurité du jour, la profondeur des sentiments de colère, les explosions de violence, je puis encore chanter : « Nous vaincrons [3]. »

---

1. Allusion au récit biblique de 1 Samuel 17, verset 4 et suivants (N.d.T.).
2. Hymne national (N.d.T.).
3. *We Shall Overcome*, titre du chant le plus célèbre du Mouvement en faveur des droits civiques (N.d.T.).

Nous vaincrons parce qu'il est long, l'arc de l'univers moral et qu'il est tendu vers la justice.

Nous vaincrons parce que Carlyle [1] a raison : « Aucun mensonge ne dure éternellement. »

Nous vaincrons parce que William Cullen Bryant [2] a raison : « La vérité, foulée aux pieds, se dressera à nouveau. »

Nous vaincrons parce que James Russell, Lowell [3] a raison d'avoir composé ce que nous avons précédemment chanté :

> La Vérité constamment sur l'échafaud,
> L'Erreur toujours sur le trône,
> Mais cet échafaud gouverne l'avenir,
> Et derrière l'obscurité de l'inconnu,
> Dans l'ombre, veillant sur ce qui est sien, se tient Dieu.

Avec une telle foi, nous serons capables d'extraire le rocher de l'espérance d'une montagne de désespoir. Avec une telle foi, nous serons capables de transformer la cacophonie de notre nation en une merveilleuse symphonie de fraternité.

Grâce soit rendue au Dieu de Jean qui, il y a des siècles, sur une île désolée et perdue appelée Patmos, eut la vision de la nouvelle Jérusalem, descendant des cieux, d'auprès de Dieu disant : « Vois, Je fais toutes choses nouvelles ; l'ancien monde a disparu [4]. »

Dieu nous donne d'être ses partenaires dans cette nouveauté et cette magnifique opportunité. Si nous le voulons et l'accomplissons, nous ferons surgir un jour nouveau de justice, de fraternité et de paix. Et ce jour-là les étoiles du matin chanteront et les fils de Dieu exulteront. Que Dieu vous bénisse.

---

1. Thomas Carlyle (1795-1881), historien, critique et philosophe écossais (N.d.T.).
2. William Cullen Bryant (1794-1878), poète et publiciste américain (N.d.T.).
3. James Russell Lowell (1819-1891), successivement poète, critique, professeur de langues modernes et diplomate américain. La citation provient de *The Present Crisis* (1844), strophe 8 ; les lignes originales du poème faisaient partie initalement d'une déclaration anti-esclavagiste (N.d.T.).
4. Apocalypse 21, 4-5 (N.d.T.).

Éléments supprimés des sermons

On trouvera ici les remarques introductives aux stimulants sermons publiés.

Redécouvrir des valeurs perdues

Pasteur Simmons, chers associés de cette conférence, membres et amis de la seconde église baptiste, je n'ai pas besoin de discours pour vous dire combien je suis heureux de me trouver ici ce matin et de participer à ce culte. C'est sans aucun doute avec beaucoup d'humilité que je prends place à cette chaire si riche en tradition et en histoire. La seconde église baptiste, comme vous le savez bien, a la réputation d'être l'une des plus fameuses églises de notre pays, aussi est-ce certainement un défi pour moi d'y prêcher ce matin, d'occuper la chaire du pasteur Banks et de personnes dont l'enseignement est si grand et si riche.

Je ne suis pas exactement un étranger à la ville de Detroit, y étant déjà passé à plusieurs reprises. Et je me souviens qu'en 1944 ou 1945, quelque part par là, je vins à la seconde église baptiste pour la première fois – je pense que c'est l'année où la Convention nationale baptiste se réunit ici. Et, bien sûr, j'ai beaucoup de parents dans cette ville, aussi Detroit est-elle en quelque sorte pour moi une seconde maison où, ce matin, je ne me sens pas trop étranger. C'est donc véritablement un plaisir et un privilège pour moi que de me trouver parmi vous, présent pour ce culte en l'absence de votre excellent pasteur, le Dr Banks.

Aimer vos ennemis

Je suis contraint de prêcher ce matin avec une sorte de handicap. Juste avant de venir à l'église, j'ai en effet consulté un médecin, qui m'a conseillé de garder le lit. J'ai insisté pour venir prêcher, aussi m'y a-t-il autorisé en me recommandant de ne pas monter en chaire avant le moment de la prédication et de m'en retourner chez moi, au lit, immédiatement après. Je vais essayer de suivre ses recommandations.

Je vais prendre pour thème de ma prédication un sujet très commun, qui vous est familier, puisque j'ai prêché sur ce thème deux fois, à ma connaissance, à cette même chaire. J'essaie, c'est une sorte de coutume ou de tradition, de prêcher une fois par an à partir de ce passage biblique, ajoutant à ces sermons de nouveaux développements que je tire de mes récentes expériences. Bien que le contenu, le contenu de base, soit le même, un regard neuf et de nouvelles expériences conduisent naturellement à de nouveaux exemples.

Directives pour une Église dynamique

J'aimerais prêcher à partir du sujet suivant : « Directives pour une Église dynamique ». Ces dernières semaines, j'ai lu beaucoup de choses dans la presse en matière de lignes directrices. Ces temps-ci, ce mot concerne surtout l'école, principalement dans le Sud. En 1954, la Cour suprême de la nation a rendu un arrêt déclarant inconstitutionnelle la ségrégation dans le système scolaire public. L'année suivante, en 1955, elle revint sur ce sujet pour affirmer que tout district scolaire devait appliquer l'intégration « le plus rapidement possible ». Et nous sommes en 1966 pour découvrir que seuls 5,2 % des étudiants noirs sont entrés dans des établissements où se fait l'intégration, ce qui signifie en substance que nous n'avons pas progressé de 1 % par année. Si cela continue ainsi, il nous faudra quatre-vingt-seize autres années pour intégrer toutes les écoles publiques.

C'est pourquoi le Département de l'Éducation a décidé que le processus devait s'accélérer sur la base de l'amendement relatif aux droits civiques datant de 1964. Ce département a décidé de proposer certaines directives qui doivent être suivies. Celles-ci déclarent en substance que toutes les classes doivent être intégrées et que même les facultés doivent bénéficier de l'intégration. Et ce plan ou ces directives ont été soumis à tous les districts scolaires pour décision d'application ou non. En cas de refus, les subventions fédérales seront supprimées. En cas d'acceptation, ces aides continueront à être versées. Aussi, aujourd'hui, le débat est-il vif dans le monde de l'éducation et du système scolaire public, pour savoir si l'on va ou non suivre ces directives.

Pourquoi Jésus qualifia cet homme d'insensé

Cher ami docteur Wells, chers anciens et membres de l'Église baptiste missionnaire du Mount Pisgah, chers frères et sœurs en Christ, je puis vous assurer qu'il me faudrait le reste de mon existence pour atteindre le niveau de la magnifique et éloquente introduction prononcée par l'un de vos membres. Cela me rend très humble. Des paroles aussi encourageantes renforcent mon courage et ma vigueur pour mener à bien la lutte pour la liberté et la dignité humaines. Je suis très reconnaissant à votre estimé pasteur de m'avoir adressé cette invitation. Je lui suis reconnaissant de son soutien dans mes humbles efforts. J'ai appris il y a longtemps, vous savez, que dans ce monde vous ne vous faites pas tout seul. Vous avez besoin d'amis, de gens qui vous tapent dans le dos, qui vous consolent dans les heures sombres. Et je suis si reconnaissant à tous mes amis de Chicago et à tous les ministres de l'Évangile qui me soutiennent et m'encouragent.

Rester éveillé au sein d'une grande révolution

Je n'ai pas besoin de m'arrêter longuement pour dire combien je suis heureux de me trouver ici ce matin, d'avoir la chance d'occuper cette grande et célèbre chaire. J'exprime ma reconnaissance toute particulière au doyen Sayre ainsi qu'à tous les membres du clergé de la cathédrale pour m'avoir invité.

Index des références bibliques

Table des matières

Achevé d'imprimer en février 2000
dans les ateliers de Normandie Roto Impression s.a.
61250 Lonrai
N° d'imprimeur : 992804
N° d'éditeur : 2102
Dépôt légal : avril 2000

Imprimé en France